以美化心，以美育德
——高校审美教育研究

陈 琦 李 佳 / 著

吉林人民出版社

图书在版编目 (CIP) 数据

以美化心，以美育德：高校审美教育研究 / 陈琦，
李佳著 . — 长春：吉林人民出版社，2021.5
ISBN 978-7-206-18130-6

Ⅰ.①以… Ⅱ.①陈… ②李… Ⅲ.①审美教育－教
学研究－高等学校 Ⅳ.① G40-014

中国版本图书馆 CIP 数据核字 (2021) 第 101978 号

以美化心，以美育德：高校审美教育研究
YI MEI HUA XIN，YI MEI YU DE：GAOXIAO SHENMEI JIAOYU YANJIU

著　　者：陈 琦 李 佳
责任编辑：王 丹　　　　　　　封面设计：吕荣华
吉林人民出版社出版 发行（长春市人民大街 7548 号）　邮政编码：130022
印　　刷：三河市华晨印务有限公司
开　　本：710mm×1000mm　　1/16
印　　张：12.25　　　　　　　字　　数：210 千字
标准书号：ISBN 978-7-206-18130-6
版　　次：2021 年 5 月第 1 版　　印　　次：2021 年 5 月第 1 次印刷
定　　价：59.00 元

前　言

　　审美教育是为建设社会主义精神文明和培育学生心灵美和行为美而设立的，该教育的核心是利用现实生活中富有社会美、自然美和艺术美的美好事物和艺术形象来感染被教育者，其教育目的就是深入学生的情感、思想和心灵，在丰富学生精神文化的基础上使其潜移默化地树立正确的审美价值观和人生观。审美教育以特定时代、特定阶级的审美观念为标准，以形象为手段，以情感为核心，以实现人的全面发展为宗旨。在培育全面发展性人才的过程中，审美教育无疑起到十分关键的作用。

　　其实一直以来，中外教育都注重并强调美育的特殊育人价值，因为它关联了美学、艺术、教育、人与社会的多重组合，育人内容丰富、育人形式多样。审美教育的育人价值在于，能够充分提高个体对艺术、审美等的感悟力与理解力，在陶冶情操过程中培养审美情趣，促进个体身心健康发展与和谐统一。针对大学生的审美教育，还可以有效矫正大学生中普遍存在的一些思想误区。比如，教师可以适当引导大学生认识到，审美的对象不仅仅是流行文化，在传统文化、经典艺术中，蕴含着深厚的审美意蕴，对于倡导真善美、甄别假恶丑，具有特殊的意义；对于提升人的欣赏、感悟和理解能力，具有不可替代的作用；对于激发大学生热爱美、欣赏美、创造美的欲望，以及对生活、对人生、对社会的热爱，具有积极的作用。

　　本书共六章，第一章对高校审美教育进行了阐述；第二章分析了高校审美教育的目标与内容；第三章则就高校审美教育中的引领者——教师做了全面的解读；第四章就高校学生审美素养的培育做了探讨；第五章和第六章则在对高校审美教育做了全面解读的基础上，就高校审美教育课程建设以及高校审美教育的路径做了创新性的研究。

　　本书论述翔实，且力求创新和突破，但限于笔者能力，书中论述难免存在纰漏，还望广大读者批评指正。

目 录

以美化心，以美育德——高校审美教育研究

高校审美教育概述

第一章

第一节　审美教育溯源

一、审美教育的意识起源

（一）人类审美意识的发生

辩证法关于普遍联系的学说告诉我们，人类的起源开启了世界崭新的一幕。人的审美意识与人类的起源是同步的，或是可以追溯到动物的起源。人类审美意识的发生恰恰源于动物性快感的体验，是动物性快感的发展和升华，因此我们可以从这一点入手来探寻人类审美意识的起源。

1.从内容的占有到形式的玩味

以西安半坡出土的陶器为例，仅陶器的样式就达 20 多种类型、40 多种样式，可见当时对器皿的分工已经开始走向精细化，也可以想象人们已经开始注意欣赏雕刻在器皿上的图案之美。从刻在器皿上的图案可知，人们最初的视觉审美源于对味觉的回味，无非想把饮用食物时的美好感觉记录下来。在这一过程中，人们渐渐远离味觉、视觉，开始有了对形式美的理解和向往。人类早期的纹饰作品基于对对象的临摹，从内容的占有逐渐转向了对形式的玩味，人类的审美倾向也开始从形象转变为抽象，这是历史的进步，更是审美意识的推进。著名学者李泽厚先生借用考古学中的图像分析法做了相关描述。远古时期的人们先有果腹行为，进而将这些快感印刻在使用的工具上慰藉自己，慢慢地，这种功利想法变成装饰需求，装饰进而简化成抽象的图案，以便于雕刻。这是一个缓慢发展的过程，却昭示着人类审美意识的发展历程。这种在主体方面超出自身，在客体方面超出对象的审美活动，以"情感"来把握"形式"，正是动物性快感与人类审美意识的不同。

2.从感官的愉悦到精神的追求

如果我们把感官的愉悦看作一种个人行为的话，那么，对精神需求的追求则就充满了生活色彩。人们在审美上都有所提升，即从生理活动上升到社会活动。但是，社会活动的产生还要依托于生物性快感。在远古社会，生产力极低，审美活动只有一部分阶级才能享受，但是，他们也只是将其看作政

治和伦理的附属。对审美的途径，柏拉图曾经这样叙述：首先，只喜欢某一单个的形体美；其次，寻找这一形体美和其他的共同点；最后，外在的形体美提升到心灵内在的美，进而达到理念世界的美。由此可以看出，审美已经发生了变化，人们从外在感官上升到追求内在精神。

（二）人类审美教育的起源

自人类出现以来，人类的审美意识就在不断发展着，审美活动也随之丰富。随着劳动实践的进行，人们将前人积累的经验传授给后人，并延续着生产劳动，这便是教育活动的起源。席勒说过："有促进健康的教育，有促进认识的教育，有促进道德的教育，还有促进鉴赏力和美的教育。这最后一种教育的目的在于：培养我们感性和精神力量的整体达到尽可能地和谐。"①人类从诞生至今，经历了漫长的演变过程，审美教育也是如此。美育最初的来源是原始社会的巫术，也被当作美育的一种。西方古文明中的缪斯教育和我国古代社会的"六艺"教育都以训练各种艺术为主，其中，美育的成分非常突出，由此可以看出，世界上很早以前便有了审美教育。虽然，当时的审美教育没有系统化，但也是审美教育的雏形。人类的生产实践活动也是审美教育的起源，是对人类精神世界的灵魂教育，比一般性的物质生产活动层次更高。

二、审美教育的发展

（一）中国审美教育的发展

1. 古代的审美教育

中国古代的审美教育基本上从属于哲学、伦理学和文论，没有独立的形态。中国古代的审美教育是从属于中国古代的人伦文化的，具体来说，有如下特征。

（1）重教化，强调美与善的统一

孔子的审美教育思想是中国远古审美教育思想的集大成者，并开创了后世诸多美学审美教育思想的先河。他的审美教育观念十分突出地显示了以善代美、美善统一的特征。他对《韶乐》的赞赏是："尽美矣，又尽善也。"

---

① 赵霞. 教师美育培养的重要性及其实现途径 [J]. 课程教育研究，2015（35）：195-196.

（2）强调以理节情，追求中庸平和之美

《中庸》明确提出"中和"之美："喜怒哀乐之未发，谓之中；发而中节，谓之和。中也者，天下之大本也；和也者，天下之达道也。致中和，天地位焉，万物育焉。"这里从天地、天人关系的角度解释了中和的意义，阐述了中和之美。儒门弟子在《中庸》中明确指出"中和"之美："喜怒哀乐之未发，谓之中，天地位焉，万物育焉。"这里不仅从"人和"之美，而且从天地、天人关系的角度强调了中和的意义。

（3）认识到了审美教育的情感陶冶作用

荀子在《乐经》中说："乐者，乐也，人情之所以不免也。故人不能无乐。"司马迁也认为："音乐者，所以动荡血脉通流精神而和正心也。"二者都强调了音乐之美对人的情感有潜移默化的陶冶作用。古人用"风""化"这两个范畴来概括审美教育所具有的移情作用。

2. 中国近现代的审美教育

随着西方美学理论的引进和教育理念的影响，审美教育作为教育科学的重要组成部分，被大力提倡并广泛付诸实践，更重要的是形成了独立的审美教育思想体系。

（1）明确提出"审美教育"范畴，并对其做了科学的界定

梁启超是中国近代史上关于审美教育的首倡者，他从情感教育的角度论述了审美教育的特点和作用。他认为："美是生活的一要素，或者还是各种要素之中最要者，倘若在生活全内容中把'美'的成分抽出，恐怕便活得不自在，甚至活不成。"[1]梁启超不再像古代美学家那样只是将美当成要达到某一目的的工具，而是将美、趣味看成人生的重要内容，看成"生活的原动力"。蔡元培第一次科学地界定了审美教育。他认为："美育者，应用美学之理论于教育，以陶冶感情为目的者也。"[2]审美教育的目的，在陶冶活泼敏锐的心灵，养成高尚纯洁之人格。

（2）强调审美教育与"德、智、体"三育紧密联系

越来越多的人将审美教育作为社会改造的重要手段，强调审美教育与"德、智、体"三育的密切联系，认为审美教育是"完全之教育"工程中必

① 张博文，赵崇乐．中国近现代体育审美教育观发展研究［J］．新课程研究（中旬刊），2014（12）：11-12.

② 金玉甫．蔡元培思想理念与当代艺术教育［J］．艺术百家，2009，25（3）：173-175.

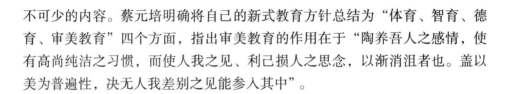

不可少的内容。蔡元培明确将自己的新式教育方针总结为"体育、智育、德育、审美教育"四个方面，指出审美教育的作用在于"陶养吾人之感情，使有高尚纯洁之习惯，而使人我之见、利己损人之思念，以渐消沮者也。盖以美为普遍性，决无人我差别之见能参入其中"。

3. 中国当代的审美教育

中华人民共和国成立之初，我们便明确了审美教育思想以及发展的时期。各项规定中明确指出了各级学校审美教育的任务和要求。这一时期，审美教育发展空前绝后，规定明确要求学生要做到"德、智、体、美与生产技术"全面发展。

审美教育在改革开放时期崛起，并在党的十一届三中全会以后，又重新成为我国教育方针的重要内容。《中华人民共和国国民经济和社会发展第七个五年计划》于1986年在全国人大六届四次会议中通过，其中明确指出："各级各类学校，都要加强思想政治工作，贯彻德育、智育、体育、审美教育全面发展的方针，把学生培养成为有理想、有道德、有文化、有纪律的社会主义建设人才。"教育工作者的共识是"寓教于乐"，越来越多的人开始关注审美教育的重要性。

《中共中央国务院关于深化教育改革 全面推进素质教育的决定》于1999年6月在第三次全国教育工作会议上，以国家的名义发布。该决定将审美教育作为素质教育的有机组成部分，同德、智、体其他各育一起提到关系国家和民族前途命运的高度。

近年来，"以人为本"思想的凸显、国际一体化语境以及频繁的中西方文化交流，使审美教育显示出从未有过的重要性，人们开始从把审美教育作为"寓教于乐"的个体艺术技能训练活动转向致力于现实文化批判过程的新人文精神建构和对人的生命意识的全面开发上来。

在全面教育方面建构新人文精神，为人们提供生命活动和文化建设的方向，即当代审美教育的主要作用。体现在当代审美教育中的新人文精神建构，理应包含理想主义与现实主义相统一的新的内容："理想主义"的内核，是通过审美教育方式来肯定人的全面发展之于有限生存形式的超越要求；"现实主义"的根本，则在于充分而具体地关注人的现实处境，重视人的现实生活权利，在审美教育活动中保持清醒的现实意识。

（二）西方审美教育的发展

1.西方古代的审美教育

古希腊是西方审美教育思想的发源地。古希腊在公元前五六世纪就拥有了很多关于审美教育的著作。以下几点是西方审美教育思想的主要体现。

（1）重视审美教育的道德教化和情感陶冶作用

在古希腊时期，因为还没有"审美教育"这一概念，人们则用"音乐教育""艺术教育"表示审美教育。绘画、音乐等艺术门类对人们的情感陶冶、智能发展、德行培养的作用是当时人们已经普遍认识的，对培养心灵优美、品德高尚的人而言，艺术教育有很大的促进作用。在《理想国》中，大思想家、美学家柏拉图提出，教育制度应该包括"为身体的""体育"，"求心灵的美善的""音乐"教育两个方面的内容。古希腊著名的哲学家亚里士多德也认为，音乐可以"操守心灵"。到了文艺复兴时期，人们对艺术的职能有了更加具体的、明确的认知。

（2）认识到了审美教育"寓教于乐"的特征

最早论及审美教育这一特征的古罗马文艺批评家贺拉斯说："诗人的愿望应该是给人益处和乐趣，他写的东西应该给人以快感，同时对生活有帮助。"[1] 审美教育应"寓教于乐"，即在使人快乐的同时，又使他受到教益。审美教育所具有的这一潜移默化的作用是审美教育区别于其他教育的重要特点。

（3）认为艺术作品是审美教育的基本途径

西方古典美学特别看重艺术美，在许多美学家眼里，美学就是"艺术哲学"，而审美教育便被视为艺术教育、音乐教育。此时，艺术美之外的现实美，特别是自然美还没有进入审美领域。

2.西方近代审美教育

西方近代社会在各个方面都有迅速的发展，审美教育也不例外，这突出表现在出现了重视审美教育的大教育家，如夸美纽斯、洛克、席勒、赫尔巴特、第斯多惠等，并且对审美教育的本质特征有了科学的认识，审美教育的范围较之古代也大大扩大了。

---

[1]　张炜.浅析贺拉斯的《诗艺》[J].青年文学家，2015（32）：54-55.

（1）强调审美教育的愉悦性、主动性、自由性

对于教学的艺术性，捷克伟大的教育家、审美教育思想家夸美纽斯，早在 17 世纪中期就做出了强调。一种令人愉悦的艺术是他首先强调的教育，他认为，学生和教师都能从中得到最大的快乐。这是教育中最早确定审美教育整体地位与意义的。同时他还主张，教育需要一个良好的环境，"学校的本身应当是一个快意的地方，校内校外看去都应当富有吸引力"[①]，展示了审美教育的积极主动性和情感愉悦性。

教育"回到自然"的口号是法国启蒙思想家、文学家卢梭提出的。他要求儿童要投身淳朴的乡村，在大自然的怀抱中感受美，培养对美好事物的爱好、兴趣、敏感，远离腐朽和恶劣的社会环境，让身心顺应自然天性，培养自由天然的个性。

（2）强调审美教育与德育、智育等教育的协调发展

席勒在《审美教育书简》中明确提出了德、智、体、美四育的概念，并强调了审美教育在系统教育中的独特作用。他说："有促进健康的教育，有促进认识的教育，还有促进鉴赏力和美的教育。"审美教育的作用在于"培养我们感性和精神力量的整体达到尽可能的和谐"。德国教育家赫尔巴特所强调教育培养的六种兴趣（经验的、思辨的、审美的、同情的、社会的、宗教的），也明确包括审美教育的内容，并注重各种兴趣的全面发展。

（3）审美教育的范围大大扩大了

西方近代的审美教育已突破了艺术作品的范围，并扩大到自然和广大的生活领域。卢梭的"自然教育"理论将审美教育的范围扩大到充满生机的自然之中。

3. 西方现当代审美教育思想

20 世纪，西方社会科技发展迅猛，给人类创造了庞大的财富，同时也带来了许多潜在隐患和危机。基于此，人与审美教育的全面发展的内在联系，如美学家、教育家、思想家等专家学者逐渐开始注重全人类都在关注的问题，人们通过多种角度和科学理论考察审美教育问题，这一问题也成为意义重大和急切的课题。文化学、社会学、教育学、心理学、哲学等多种学科的中心内容之一就是审美教育。现代西方审美教育的理论贡献与讨论重点主

---

① 王宝玺. 夸美纽斯教学艺术的类型、特点与功能 [J]. 达县师范高等专科学校学报，2001（4）：31-33+125.

要表现在以下几个方面。

（1）审美教育促进人的全面和谐发展

"十月革命"之后，从培养全面和谐发展的社会主义新人的要求出发，马卡连柯主张美学应贯穿到人的生活和教育的一切方面中去，认为美好生活"就是和美学联系起来的那种生活"，审美教育就是联系美学并符合美的规律的教育。他还特别强调审美教育应寓于德育、智育、体育、劳动教育之中。审美教育不仅仅是开几门艺术课程，还应从保持美好的学习环境、开展丰富多彩的课外活动、保持整洁美好的仪表、培养文明的行为和习惯等方面全面实施。

苏霍姆林斯基也强调智育、体育、德育、劳动教育和审美教育的全面实施。他认为，审美教育是教育中必不可少的内容。他还指出，儿童的思维是艺术的、想象的、饱含情感的思维，学校教育不应把儿童与大自然、游戏、音乐、幻想、古代童话分开，而应当通过这些来促进儿童想象力的发展，培养他们的创造性思维。

（2）强调审美教育的基本手段是感知和领悟美

苏霍姆林斯基说："我们从学校教育最初日子起，就教孩子去理解周围世界，大自然和社会关系中的美，感知和领会美，这是审美教育的核心。舍此，情感对任何美都会无动于衷。"[①] 审美教育能够使人的情感趋于丰富、细腻、深沉、淳朴、明朗、美丽，而且健康、丰富的情感是认识事物、创造新事物的基础和动力。

第二节　高校审美教育概念与特征

一、高校审美教育的概念

（一）美与审美

1. 何为美

"美"是人类永恒的追求。从客观角度来看，美不可能只是人们头脑里

---

① 黄录胜 . 如何培养学生的审美意识——欣赏自然美点滴 [J]. 遵义科技，2012（6）：13-14.

的精神产物，它是对客观事物本原的寻求。这种思想，规定了整个西方美学的研究对象、内容及其方法论。西方美学史上的一些人物，就是按照这个思维逻辑，从客观存在方面探索美，把美归结为事物的自然属性或外在的形式。早期希腊的哲学家把"美"界定为宇宙的自然之美。毕达哥拉斯学派认为，宇宙的"本原"是数，数的比例、和谐便是"美"，美在于合理的数量关系。柏拉图在毕达哥拉斯学派的基础上，主张美在于"理式"（或"理念"），并区分了"现象之美"和"本质之美"。

亚里士多德在批判其师"理念之美"的基础上，提出了自己的美的思想。其实，亚里士多德在继承了晚年柏拉图"形式之美"的基础上，十分注重美和善的关系，他把美看作自身具有的价值，并且是令人愉快、向往和赞美的东西，他认为美是一种善，它之所以能引起人的快感就是因为它是一种善。所以，在亚里士多德那里，美和善在一定意义上是等同的。从这一意义上来说，西方的美学发展有一种潜在的道德因素在起决定作用，或者说，道德上的"善"是"美"的先决条件。

从道德哲学的角度来看，"美"具有一种价值关系，这种价值之美在中国的传统思想中源远流长。在《论语》中，"美"和"善"几乎是同义词。子曰："君子成人之美，不成人之恶。小人反是。"子张曰："何谓五美？"子曰："君子惠而不费，劳而不怨，欲而不贪，泰而不骄，威而不猛。"这些美都是道德范畴之美，具有伦理道德之美。

当然，中国传统之美并不仅仅局限在道德价值之美或"内在价值的德行之美"，它还指向外在事物之美，如日常生活中的"肉之美""鱼之美""菜之美""饭之美""果之美"，主要是指人对外在事物的感觉、体验之美。中国的壁画之美以及山水画之美，主要是追求对象中的"气韵之美"，画山水贵于气韵。在中国传统的文化中，外在对象之美和内在道德价值之美两者之间的契合之美才是美的真正本质。当我们评价一个人时，看重的是他的内在心灵之美，评价一个物时，看重的是它的内在价值之美，但这种追求并不否定内在之美和外在之美融合在一起的"理想状态之美"。这种"理想状态之美"正是当今中国马克思主义美学所要探讨和追求的目标。例如，马克思提出的"自然的人化"和"人化的自然"之美。

马克思是通过"实践"创造了"美"，"劳动创造了美"。这无疑是马克思以"自然的人化"和"人化的自然"为认识基础的对"美"的本质的规定。所以，美的本质就是在劳动实践的基础上，人的内在之美与对象的外在之美的融合，从这个意义上说，马克思对"美"的本质的规定，标志着美学观的革命性变革。"美"的本质在于和谐，"美"根本上是人与自然、人与他人、人与自身本性、感性与理性、物的外在尺度与人的内在尺度、自由与必然、对象化与自我确证、实践活动的合规律性与对象世界的合规律性的和谐统一。

2. 审美

"审美"是有意识的对象性存在物——人的独有特性，有美的对象存在就必然存在欣赏这种对象的"审美"意识。然而，何谓审美？一般而言，"审美"是指对美的对象的观照、考察和鉴别过程，通常包括审美知觉、审美判断、审美趣味、审美理想等方面的内容，当然也包括与这些审美心理因素相关的审美价值观的内容。

纵观中西方美学史，"审美"概念的发展变化都是以"审美体验"或"审美经验"为中心的。"审美"概念最初是由德国哲学家鲍姆嘉通提出的。此后，黑格尔也是在调和主客体关系意义上理解"审美"和"审美经验"的。审美经验在黑格尔那里即主客体自由、和谐的审美经验。简言之，美的本质是建立在感性的、形象的审美经验基础之上的，它是体现主客统一体的"绝对理念"经过漫长的发展过程达到"绝对精神"的最高阶段，它包括艺术、宗教和哲学。

中国最早把外文"审美"概念翻译成汉语"审美"概念的是王国维。他在翻译日本牧濑五一郎著的《教育学教科书》和桑木严翼著的《哲学概论》两本书时，使用了"审美"一词，但并没有对其内涵做出解释。其后的蔡元培探讨审美之观念、梁启超研究的审美趣味，以及朱光潜探究的审美心理，可以看作一种审美体验。当今的李泽厚先生认为，"美学"严格意义上来说应该是"审美学"，即人们认识美和感知美的学科，并认为其是美的哲学、审美心理学和艺术社会学三者的某种形式的结合。

从这个意义上来说，审美是一种知、意、行三者的融合体，是一种超越功利而又融功利在内的一种价值追求。当前，在"日常生活审美化"的背景下，审美和生活、艺术与商品发生了亲密的关联，以至于任何商品都可以罩上"审美"的光环。这使人深深地感受到了"审美"在不断地被功利化的思想牵制着，它越来越变得低俗化，所以在当今进行高雅的价值、高尚的审美教育是非常必要的。

（二）审美教育

"审美教育"在人类文化历史上已有数千年的历史。早在中国春秋时期

就有文字记载，西方在古希腊城邦制国家时代也有较为系统的描述。审美教育是人类从愚昧走向文明，从低级向高级发展的历史过程中的一种自我完善的重要手段，是运用人类实践所创造的一切美来对人进行自身美化的教育。审美教育采取完全自由、没有任何强制的方式，在潜移默化之中、情感愉悦之时完成的教育。它通过培养和提高人们对自然和社会（特别是文学艺术）的鉴赏力和创造力，陶冶人的情操，美化人的心灵，提高人的素质。它不仅是人类认识世界、改造世界的重要手段，也是实现人类自身美化、完善人格塑造的重要途径。审美教育的特征是形象性和感染性。它主要靠美的形象打动人，把道德教育寓于感性形象的审美教育中，使人们在潜移默化、不知不觉中引起心灵的共鸣，使人的情操得到陶冶，思想得到净化，品格得到完善。

回顾百年来对审美教育这一学科的几十种的概念界定，我们总体上可以将其归结为以下几大类。

第一，从功能的角度对审美教育进行定位，把审美教育视为德育的辅助手段和人才全面培养内容之一的"附属论""工具论"观点。这种观点认为，审美教育是德育的一个部分，是进行道德教育的一种手段和方法。这种观点实际上仍然没有超出传统的伦理主义和道德主义教育观的范围。在这种观念中，学校教育的目标仍然是培养学生在德、智、体三个方面的发展，至于其他，审美教育、情感教育、劳动教育等都是围绕这三个目标，为这三个目标服务的。因此，所谓审美教育，不过是道德教育的一个有效的辅助手段和途径。

第二，从教育内容的角度对审美教育进行定位，把审美教育视为美学知识、艺术教育的"知识论"和"技能论"观点。这种观点充分肯定了美学与审美教育的密切关系，认识到审美教育是以一定的美学原理为指导的。从这个方面来讲，这种观点无疑是正确的。但这种观点把审美教育归结为美学知识的普及教育，把审美教育看作智育的一个部分，从根本上取消了审美教育的独立性，但如果把审美教育只当作一般美学知识的普及教育，这就降低了审美教育的意义，也达不到审美教育的目的。

第三，从教育手段的角度对审美教育进行定位，把审美教育视为情感教育、美感教育、审美能力教育的"陶冶论"观点。具体地讲，就是培养人对自然美、社会美和艺术美的审美观念和欣赏能力的教育，也是培养人具有创造美的能力的教育。这种观点由来已久，在美学史和教育史上，许多哲学家、审美教育家、教育家都持这种观点。这一观点突出了审美教育在情感中的重要作用，符合审美教育思想发展的历史，自然有其合理的地方。但是，把审美教育仅理解为陶冶人的情感还不能完全反映审美教育的本质特征，仅仅把审美教育看成个人修身养性的一种手段是片面的，审美教育确有陶冶人的情感的作用，而且审美教育也必须从陶冶人的情感着手，但它的根本目的在于全面地培养人，塑造完善的理想人格。

第四，从教育理念的角度对审美教育进行定位，审美教育就是艺术教育，而艺术教育就是传授艺术知识和培训艺术技巧。这种观点充分肯定了艺术教育在审美教育中的突出作用，是言之有理的。但这种观念有两个方面的错误。其一，把审美教育局限于艺术教育，缩小了审美教育的范围，局限了审美教育的视野。审美教育是一种范围宽广、弹性很强的教育形式，其手段和途径是多种多样的，艺术教育只是其中一种。其二，它又把艺术教育等同于艺术知识和技巧教育。艺术教育从根本上说是要培养教授对象的艺术心灵和人格，使之去除名利心，保持赤子之心，培养和发展其丰富的感受力与想象力，而仅仅局限于艺术知识和技巧培训的艺术教育恰好忽视了这一点。

这四种不同视角的概念阐释各有道理，也反映了长期以来人们对审美教育这一特殊教育本质发展的认识历程。但随着研究的不断发展，我们可以发现，审美教育作为一种教育人和人自我教育的方式，其中心和目标是为了提高人的生存质量，培养和发展人的感性能力，包括感受力、鉴赏力、想象力、创造力等，并且对人性进行塑造和改造。简言之，审美教育的目的在于培养健全高尚的人格，塑造完美理想的人性，创造合理美好的人生。应该说，所有的教育最终的目标都是如此，但只有审美教育才是达到这一目标的最直接的途径。所以，笔者认为，审美教育就是指通过对社会美、自然美、艺术美以及各种美的事物的审美活动，对受教育者进行教育，培养受教育者的审美欣赏、审美表现和审美创造能力的教育。

（三）高校审美教育

高校审美教育是指各级各类高等院校利用社会美、自然美、艺术美以及各种美的事物的审美活动，对当代大学生进行情感净化、性情陶冶，提高其感受美、鉴赏美、创造美的能力，培养其正确的审美观念、审美情趣、审美理想的教育。而结合时代发展以及高等教育发展的角度来看，高校审美教育可以从以下几个方面做进一步解读。

1. 高校审美教育是大学生人文素质教育的基本方面

人文素质教育的基础是哲学素质，包括世界观、人生观、价值观等方面的教育。而审美素质是一种全方位的综合素质，它有不可替代的特殊内涵和要求。审美教育的功用在于"以美启真""以美储善"和"以美怡情"。也就是说，审美教育有利于智力结构和意志结构的建立，有利于科学和道德的发展，因而审美教育是人的全面发展的必由之路。审美教育能够促使当代大学生去发现真理、创造科学美。审美教育可以通过形象的感染和情感的激发，引导当代大学生自觉地净化自己的心灵，遵守社会道德原则和行为规范。

2. 高校审美教育是教育境界化发展的需要

现代审美教育，已不单单是以往所说的"艺术教育"和"情感教育"了，而是具有多元综合结构的性质。它不仅涵盖自然美、社会美、艺术美的内容，还涉及人的自身教育，以及德育、智育、体育中美及美感方面的教育。当代审美教育主要是通过美的形象耳濡目染、潜移默化地感染、熏陶受教育者的情感。这种影响和作用，是传统的说理教育和行为训练所不能达到的，因此审美可以融化德育成为心灵之花，融化智育成为灵秀之美，融化体育成为健壮之美。

3. 高校审美教育是塑造其完美人格的需要

完美的人格乃是感性和理性相统一，是真、善、美相统一的理想人格。审美教育之所以为古今中外的思想家、教育家、美学家所重视，其主要原因就是审美教育在塑造完美的人格上有其他教育所无法替代的重要作用。大学期间是青年人世界观、人生观形成的关键时期，也是个体审美意识形成和发展的重要时期。所以，适时地对大学生进行审美教育，对他们的影响是关键的，是具有终生意义的。审美教育中蕴含着的丰富的人格力量，能潜移默化地影响当代大学生的心灵，对促使其追求高尚人格起着"春风化雨、润物无声"的熏陶作用。审美教育从内容到形式都带有很强的艺术气息，可给人耳目一新的感觉，在这样的情景中"融美于心灵"，在感化、启发和诱导下，通过对美的欣赏，感官接受审美对象发射出来的信息，使其与大脑中原来储存的审美经验相联系，引发联想，与审美对象之间产生情感的交流和共鸣，从而得到感官上的享受、精神上的满足、理智上的启迪，进而荡涤灵魂，追求美好，摒弃卑微与自私，自觉扬起追求社会理想和高尚人格的风帆。

二、高校审美教育的特征

情感性、形象性、趣味性、自由性等四个方面是由审美教育自身的本质特征所决定的，高校审美教育特征的主要表现如下。

（一）寓理于情的情感性

有些人认为，审美教育便是艺术教育。这种理解其实是片面的。一方面，审美教育虽然以艺术作为教育的基本手段，但又不限于艺术，现实美同样是审美教育的手段，也可以产生"陶冶感情"的作用。另一方面，如果运用艺术进行教育时，只是去讲授某些艺术理论、艺术史知识，或者仅仅挖掘艺术作品中的思想含义，并没有引起人的情感活动，那么，这还只是一种智育或德育，而不是审美教育。只有通过艺术活动引起受教育者情感的共鸣，使心灵受到震撼或抚慰，产生审美愉快，那才是审美教育。

但实际上情感是为人所专有的，是人对认识对象的一种体验和态度，是主体对客体的一种感受形式。其中的审美情感不同于一般的情感，它是由美的形象所引起的，而美的形象之所以能引起人的审美情感是由于其体现了人的本质力量，凝结着人的创造智慧与理性，所以最容易与人的情感相沟通，给人带来欢乐与鼓舞。并且，审美情感能超越狭隘的功利主义。在审美活动中，只有当人们冲破个人的欲念才能真正获得美的享受。这种享受除了能带给人精神愉悦外，还能使人从心理与理智上得到满足，从而激励人们更加热爱生命与生活，为创造人类更加美好的生活而奋斗。

席勒早就意识到审美教育可以完善人生、完善人性、完善情感。审美教育自身是情感的教育，因此，实施审美教育一定要注意以情动人。这一点与伦理学有异曲同工之功效，只不过审美教育的情感教育不是说教，是潜移默化的一种情感积淀。心理学研究表明，人的一生中如不能满足正常情感的需要，那么他的人格发展就会遇到障碍。情感在人的心理活动中有着不可缺少的动力作用。审美教育的作用就在于完善人的情感，培养对假、恶、丑的恐惧感、憎恶感，对真、善、美的同情感、亲近感、共鸣感。

（二）寓教于美的形象性

审美教育以情动人，是通过审美形象为手段来实现的。无论是自然美、社会美或是艺术美都和特定的形象分不开。我们说一个人的心灵美，这绝不

是抽象的概念，而是和他的言行所构成的形象相联系的，正是通过这种外在形象才使人具体感知某个人心灵美之所在。审美形象是美感的基础。美感不是凭空产生的，而总是与一定的审美形象相联系的。审美欣赏的对象应该是具体可感的，而审美感受的极致又是只可意会不可言传的。中国美学中的"不着一字，尽得风流""不涉理路，不落言筌""羚羊挂角，无迹可求"等话都生动地描述了艺术美的形象性、非概念性特征。黑格尔曾认定，"美只能在形象中见出"，是我们"可观照，可用感官接受的东西"。^①审美的形象性要求高校审美教育过程从教材到活动、从教师的指导到活动环境都具有形象性的特征。

然而，审美教育的形象性并不仅仅意味着审美教育实施伴随着感性形象，而且意味着对形象的情感意蕴的体验与领悟。席勒把美定义为"活的形象"，也就是"生命形象"，车尔尼雪夫斯基提出"美是生活"，其本义也就是指美是生命的形象，他们的观点虽各有不足，却都充分地肯定了审美对象的生命本质。所以说，审美对象的感性形象性是表面特征，寓生命活动于形象之中才使其具有深刻的本质特征。而从主体方面来说，个性的情感生命不能通过概念来表现，只有在形象中才能得到释放与升华。由此可见，寓教于美的形象性正是审美教育本质功能的具体表现。

（三）寓趣于美的趣味性

审美教育的趣味性来自审美教育的感性形象性。审美教育的过程始终伴随着生动可感的形象，始终伴随着对生命形象的体验。故审美教育的趣味性是指审美教育过程中对受教育者应有的吸引力，并使其始终对审美的创作与欣赏保持着浓厚的兴趣。从主体方面来看，审美教育的趣味性源于审美教育过程中对个性差异的充分尊重。在这里，"尊重"不是一种消极的意义，也不是一种礼遇，更不是意味着放纵或容忍，而是一种积极的意义。它意味着满足每一个受教育者的个体情感生活需要，鼓励学生独创性的充分发展。审美教育的趣味性还意味着活动中个性的尝试性。青年人的兴趣往往源于对新奇事物的一种自发的探索冲动，没有探索和尝试也就没有兴趣。受自发性驱使的审美教育过程充满活力，趣味无穷，个体全身心地投入其中，达到忘我的境界。然而，这一境界的达到，不是靠外在的强制或控制，而是靠个体在自由、安全的环境下充分显示个性化的探索和尝试。审美教育过程的探索性

---

① 李冰. 绘画艺术在大学美育教育中的作用 [J]. 艺术教育，2015（2）：183.

和尝试性是由审美活动的高度个性化特征决定的，审美教育的功能和目的只能在不断创造的探索和尝试过程中实现。

就创作而言，如何掌握和运用媒介并以此来达到与内心冲动相适应的形式就是一个不断探索和尝试的过程。在欣赏活动中，将感性材料创造成一种有意义的对象并达到某种领悟也是一种探索与尝试。创作和欣赏不可能有一个明确和统一的规则或答案，也没有按部就班的程序，即所谓"一千个观众就有一千个哈姆雷特"。审美教育正是以鼓励这种有差异的探索和尝试而显得趣味盎然，从而使受教育者积极主动地接受教育，并乐此不疲。有个性差异的、注重过程本身的、自由的探索和尝试等，都类似于"游戏"，审美教育的趣味性正与审美的类似游戏的特征密切相连。虽然席勒、斯宾塞等人的审美游戏说有严重的缺陷，但是它却极鲜明地揭示了审美与劳作的不同之处。肯定审美教育的趣味性并不意味着抹杀审美教育本身严肃的教育价值，恰恰相反，审美教育自身具有的那种严肃的人生价值正通过趣味性体现出来。

（四）寓多于一的自由性

席勒在讲到审美教育的特点时曾指出，审美教育是"通过自由去给予自由，这就是审美王国的基本法律"[①]。这说明审美教育在方式上必须是自由的，审美教育的目的是使人得到更多的自由，成为完美的全面发展的人。审美的自由是指审美主体的一种审美精神状态，即人在审美活动中摆脱了狭隘的物质欲念的束缚，专心致志地沉浸于审美对象的观照中，从而获得精神的愉悦与满足，达到心灵的超脱和解放。审美的自由性决定了审美教育行为的自由性。这也就是说审美教育对受教育者完全出于本身的自觉自愿，不能带有任何强迫性，也不需要强迫和灌输，而是依靠美的形象本身的魅力来吸引人。审美教育的主体是主动参与的，由于自己的兴趣爱好、内心需求和对美的渴望，心甘情愿地参与全过程。所以，审美主体的审美教育行为始终是处于自主的地位，是自觉、自愿地接受美的洗礼，主要表现在以下几点。

其一，审美主体在审美过程中的积极主动性。审美教育以其生动具体的感性形象去感染人，打动人。美的形象本身就让人赏心悦目、心旷神怡，很容易激发审美主体主动"献身"投入，"痴情"追求。

其二，审美主体在审美效应上获得的精神和个性的自由舒展性。在审

---

① 鲁显玉，滕文忠. 论高校思想政治教育中的审美教育 [J]. 学术探索，2012（12）：160-162.

美的王国里，审美主体卸下了一切关系的枷锁，摆脱了狭隘的物质欲望的束缚，沉浸在美的境界里，精神完全处于一种自由解放的状态。这种状态就像庄子所说的"心斋""坐忘"，也就是保持一种澄明的心境，从内心彻底排除利害观念，达到"无己"的"至美至乐"的境界。审美主体以超然的心态体验美，在美的世界里遨游，在美的洗礼中进行精神上自由的再创造，从而获得情感和个性的自由舒展。

其三，审美教育实效行为的自由性，既为受教育者创造了一个宽松的教育氛围，使之在轻松愉快中接受知识，又使受教育者能充分施展自己的才华，发挥创造才能。俗话说，会玩的人才会学习。席勒也认为只有通过游戏才能使人达到完美，人才能成为具有充分意义的人。这些都是说审美教育的自由性对人的创造性思维的促进作用。因此，大力开展审美教育对培养新型人才有着重要的现实意义。

第三节　高校审美教育的功能与原则

一、高校审美教育的功能

（一）陶冶情感的功能

作为情感教育的主要手段，审美教育通过丰富的、感情美好的事物放松人的身心，感染人的心境。所有人都有丰富的感情和丰富的心理活动，这也是人最基本的特征，"情"拥有广泛性和普遍性。这种情感不能完全被泯灭，不然，人将如同行尸走肉一般，但也不能让其随意发展，这样人会被情欲所控，成为其奴隶。通过美的事物、形式陶冶人的情感，使感情得以升华，成为一种审美情感即审美教育的职能之一。这样一来，人的内心外化成行动就有益于整个社会的发展。

在生活实践中，情感指主体对待外界事物和自身关系的评价、体验、态度等心理现象。通常，情感体验有肯定性和否定性两种展现形态。前者是主体积极、趋向性的态度，后者是消极、逃避性的态度。对待特定的审美对象时主体往往会超越世俗观念，产生一种精神性、高层次的情感体验——"审美情感"。人们在这样的审美体验实践过程中，不断积累经验，以此提高自身的审美修养，从而形成独特的审美理论，也在审美理论的指导下不断提升人类的实践活动。主体各种审美器官可以通过有意识的审美训练，获得不同的审美能力，如画卷培养了我们辨识绘图的眼睛，音乐培养了我们审识乐律的耳朵。在进入审美状态后，人会产生一种奇妙的感情，有理性的认知，也有感性的冲动，二者相互消融、相互交织。感性的情感在理性的认知中透露，理性的内容在感性的形式中沉淀，理性与感性不再对立，处于和谐、自由的状态。因此，王国维说，"审美教育即情育"，即升华和调和情感，审美教育净化了内心，陶冶了情操，也培养了人们创造美、鉴赏美、感受美的能力。

（二）开发创造力的功能

审美教育之所以不同于其他三育，就在于它的精神性特质，在育人的同时，它可以给人们带来无比愉悦的精神享受，人们在享受的过程中可以开发更多的潜质。美的事物内含真和善的内容、和谐的外在形式，这是思维灵感开发的最佳外部环境，其特别有助于开发人的想象力。有人把生活、工作比作艺术创作，其实所有人努力的终极目标都是拥有一个美好的人生，这样的"美好"就是感受美、发现美、表现美、再创造美的过程。艺术作为审美的重要手段，它呈现在大众面前的是一种特殊的符号，要获得相应的精神体验，人们就必须有相应的解读这种符号的能力，把抽象的符号转换成感官世界的"形象"，并使其大众化。因此，经过长期艺术熏陶的人就会比其他人更细腻、敏锐，想象力更加丰富，而这也恰好是人类创新的灵魂。

事实也证明，众多科学家各有不同的艺术爱好，并且对艺术层面的鉴赏也有很高的洞察力和表现力。爱因斯坦的小提琴、普朗克的钢琴合奏，外加哈恩的伴唱；伽利略除伟大的天文研究外，还进行诗歌创作；钱学森反复强调艺术教育的功能，并且研究了思维与艺术教育的关系，将科学引入美学。我们也在日常生活中看到了无数的例证，普遍从小聪慧的学生，都有着丰富的艺术爱好，艺术让他们对整个未知世界充满好奇，也充满探索的热情和欲望。

（三）乐中寓教的功能

给人们的精神世界带来无限乐趣的精神愉悦即审美的特性。理论上，审美不应该作为"传道"的工具，但它是与"传道"相互促进，相互影响的。以"乐"的体验、"乐"的形式传播教化的内容，在潜移默化中形成影响，这就是"乐中寓教"。通过审美传递"教"的内容主要表现在以下几个方面。

第一，以美启真。法国作家雨果认为，"开启人类智慧的钥匙有三把：数学、文学、音乐"。文学和音乐都属于审美，我们可以看出审美教育对开发人的智慧具有一定的作用，同时，也具有以美启真的深刻意义。真的东西不一定都是美的，但是，美的东西肯定会存在真的内容。因为审美的对象自身不仅具有美的价值，更有认识的价值。拿众多艺术作品来讲，除了对其进行艺术欣赏外，还隐藏着作者本人的经历、背景、故事，以及创作这个作品的时代意义和背景，这些成为文科学者研究的背景资料。例如，曹雪芹的《红楼梦》就被誉为封建社会的"百科全书"。它涉及了整个封建社会生活的方方面面，政治、经济、历史、文化、教育、伦理纲常、婚姻、民俗、家族史等，因此它在展现艺术魅力的同时，也昭示着历史的呼声。我们习读一部作品，犹如感受一部历史，如获生活的真谛。因此审美教育启真益智的作用，是明显和深刻的。

第二，以美辅德。审美教育"教"的内容就是通过鉴赏美的事物净化人的内心，自然和谐。人们常把真、善、美放在一起探讨，因为三者之间不可分割的关系，自然美中包含着善的内容。鲁迅说："美术可以辅翼道德。美术之目的，虽与道德不尽符，然其力足以深邃人之性情，崇合人之好尚，亦可辅道德以为治。"其实，不光是美术，所有具有美的事物都发挥着"辅德"的作用。道德是为了协调社会中一切人与人之间关系的准则及规范，社会成员一起制定并共同遵守，是一只看不见的手，因此它成为判断群体理性行为的标准，也是全体成员默契的善恶标准。美往往激起人们感性的情感体验，将善的内容引向人的活动，如果人们能够在精神愉悦的享受中得到善的教化，则受益终身，比起单调地说教更能引起共鸣。小说《钢铁是怎样炼成的》着力打造了英雄保尔·柯察金，无论是年轻的一代，还是老一辈无产阶级革命者，都曾深受他的鼓舞。文学作品如此，其他美的形式也发挥着重要的"辅德"作用。人们通过参观革命圣地、英雄人物故居、纪念碑、博物馆可以进行爱国主义教育，只有这种身临其境的感受才能潜入人的内心深处，而这种影响是至深的。审美教育虽是"他律"，却能起到"自律"的效果。苏联教育学家苏霍姆林斯基说："美是人的道德财富的源泉。"可见，审美教育在引导人的向善上发挥着不可替代的作用。

第三，以美健体。人之根本是身体健康、体魄强健，因此"体育"为其他三育的实施打下了坚实的基础。身体是一切的本钱，所以古希腊人很早就将体育运动推广开来，而这其中展现体美结合的作品也比比皆是。著名的雕塑《掷铁饼者》就展现了美与力量的结合。艾拉斯山崖上刻着的名言——"如果你想健美，跑步吧"，至今鼓励人们加强锻炼，拥有美丽的体魄。我们也常用美丽来形容人的外貌，但无论是哪一个种族的人群，他们对外貌美的判断标准首先就是健康。如何健康，体育运动则是首选途径。人们欣赏了美的事物，愉悦了身心，自然会远离抑郁。现代医学也进行了临床研究：在欢愉的情绪下，血液中会分泌一种化学物质，这种物质能调节神经细胞的紧张程度，从而使脉搏血压下降。音乐与舞蹈的结合能锻炼身体，愉悦心情，这一点也得到了多数人的认可，因此审美教育在健体上也有一定的辅助作用。

二、高校审美教育的原则

审美教育是依据审美教育实践经验，对审美过程的规律进行概括、提炼，并对审美教育的目的、特点等进行总结。作为审美教育的指导性原则，它贯串于审美教育实践活动的始终。我们认为，高校审美教育的实施应该遵循以下几点。

（一）愉悦性与教育性有机统一

审美教育利用美的想象、美的形态，美的事物，以喜闻乐见的形式，熏陶人的性情，从而达到悦神、悦志、悦意、悦心、悦目、悦耳的教育效果。审美教育以审美育人。审美教育的愉悦性和教育性最为有机的统一是"寓教于乐"。罗马、古希腊、中国等国家，诗教和乐教是最早的审美教育形式。"古代教民，口耳相传，故重声教。而以声感人，莫善于乐。"之所以"乐教为教民之本"，就在于音乐、诗歌往往以其外在的形式和蕴藏的丰富多彩的内涵引起人们感觉器官的愉悦，因而极易于为大众所接受，以至于人们会不自觉地沉浸其中，陶醉其中。

人们旺盛的生命力会被审美的愉悦性激发。"小子何莫学夫诗，诗可以兴，可以观，可以怨。""兴"为诗教之首，它不独是"感发意志"，也能荡涤浊心，振其意气，起着一种情绪激扬奋发的作用。

从教育学的视角来讲，审美本身就是对情感的塑造和培养，而不仅仅是情感的表现和激发。对群众而言，媚悦和迎合不会有益处，因此，审美愉悦不是用来媚悦群众，迎合群众的。满足社会精神文明和物质文明的需要是审美教育的作用。因此，艺术作品要悦志、悦神、悦意，仅仅悦耳、悦目是不行的。审美教育之陶冶性情，就是使性情社会化、理性化，达到一种社会教育效果。但是，审美教育不同于道德说教，它最终求得的不是逻辑思维模式的建立，审美教育的教育性往往通过一定的审美形象表现出来。席勒把希腊

人的竞技，罗马人的角斗看成生命在形式上的体现，从人性的立场上肯定了愉悦的意义。但他又认为审美愉悦来自对"活的形象"的观照。这就是说，"活的形象"既有感性的内容，又有理性的形式，既有生活，又有形象。美通过活的形象来育人，把教育性寓于一定的审美形象之中，使愉悦性在全面教育的基础上得到美的超越。

（二）审美教育原理与操作活动密切联系

在审美观照中进行审美教育。审美观照是一种超功利的自然感受，一株花在观赏它的人面前美丽动人，红花绿叶可以引起感官上的愉悦，但在商人眼中则是一件可以获取利润的商品。若想培养审美鉴赏力和感受力，要了解清楚审美教育的基本原理。审美教育首先要按照美的规律来建造，要求施教者借助各种审美媒介，诸如环境气氛、事物、艺术以及施教者自身等审美因素，有意识地创设审美情境，使受教者置身于一定的审美情境之中。所以，教师指导学生有目的地观赏电视、电影、舞蹈、文学，参观革命圣地、博物馆，游览名胜古迹等就显得尤为重要。在此过程中，教师应鼓励学生发表自身感受，学生相互讨论，做到有感而发，在相互评论和交流过程中提高并培养审美鉴赏力和感受力。

然而，仅仅停留在审美的静观观照上是不够的，必须把审美观照与操作活动紧紧地结合起来。仅仅静观观照可以引起感官愉悦但不能从内心深处引起深刻的审美情感，真正的审美情感是一种心灵深处的骚动、情感上的共鸣和感性中的领悟。这种美感不仅要有形式的观照而且还要在运动想象中才能产生。把审美操作活动与观照活动紧密地结合起来，这不但可以进一步巩固、提高静观观照对审美感受力、鉴赏力的培养成果，而且还可以培养审美创造力。

审美操作活动就是审美形式的操作和制作活动。众所周知，社会实践的产物是美，对生活的自由创造就是对美的追求，美感的创造性由美的创造性决定。丰富的想象活动存在于整个美感创造过程中，大脑对某一对象进行再创造时，是美的熏陶过程，也是获得美的享乐过程。学生若想真正自觉地成为美的保卫者，只有靠他们自己真正看见自己亲手创建的美的环境，美的物品，并从中感受到美的存在才得以实现。

人的行为举止，内心世界，经常受到日常生活环境的影响。有人会向尘土飞扬、到处都是垃圾的地面吐痰，但是，若换作整洁干净，一尘不染的地面则不一定会吐痰。因为，在杂乱的地面上，学生不必担心被追究"请保持整洁卫生""禁止乱扔纸屑"等责任。所以，这是学校生活中对学生进行美的教育时首先要注意的地方。此外，学校要注重社会实践和制作美的物品，在学校中进行美的实践活动。首先，学校生活中最基本、最主要的实践是教学，这一点必须明确。从内容到形式，各门学科都拥有丰富的审美教育因素。教师要指导学生从完成作业、操作实验、写作、听课等不同的方面去挖掘不同的美；要使学生时刻保持积极向上、融洽舒畅的学习气氛，这可以使学生善于学习、乐于学习、热爱学习。其次，学校要注重审美教育在课外活动中的实施，组织舞蹈、话剧、书法、文学等社团和兴趣小组，还可以组织欣赏会、各种讲座等，以帮助学生提升和培养自身的审美情趣，丰富学生的课外活动。最后，教师在日常生活中引导学生在注重衣着美、行为美、语言美的同时，也要引导他们去创造美、体现美，如保持宿舍卫生的清洁，合理布置教室，精心进行校园绿化等，自己生活的环境让学生自己通过劳动来美化，并在建设中来感受它、保护它。

学校虽然不是学生生活的唯一场所，但却是学生生活的主要场所。审美教育实践不仅要放眼社会，也要立足学校。社会的实践活动包含了敢于向丑恶或不良行为做斗争、助人为乐、公共场合注意自身形象、礼貌待人等，而不仅仅是游览名胜古迹，参观美术馆、音乐厅，观看舞剧、电影等。在社会的方方面面，每一个角落中，我们都可以发现美，如商店橱窗、马路边的广告、日用饰物、家具陈设、人们的服装等。生活中从不缺少美，而是缺少发现美，美就是发现，社会实践是美的来源。

制作美的物品，如盆景修饰、剪贴刺绣、木雕泥塑、吟诗作画等，能够丰富学生的想象力，并激发他们的想象空间。在锻炼学生独立思考的同时，变意象为物化，进而使他们在感受美、欣赏美的同时亦贡献了美。

美来源于生活，只有通过丰富多彩的实践活动，美才能在渐渐无形中潜入心灵，控制心灵。

（三）审美情感体验与逻辑思维紧密相关

审美教育实际上就是一种情感教育，情感是审美的主要特征。一切感人至深的艺术作品都是以丰富的思想和情感打动人心的，情感匮乏的艺术品只能使崇高的题材庸俗化。曹雪芹著《红楼梦》披阅十载，增删五次，《红楼梦》之所以成为不朽之作，是因为里面灌注了作者满腔的辛酸和苦泪。刘勰尝言："夫缀文者情动而辞发，观文者披文以入情，沿波讨源，虽幽必显。"作家以情入文，文学鉴赏却是披文入情，换言之，作家的创作，总是由内而

外，即先有因客观现实的感受而产生内在情志，然后用一定的文辞表达出来，而读者阅读文学作品，则是由外而内"沿波（辞）探源（情）"，逐步获得对形象的具体感受和体验，引起思想感情上的强烈反应，进而得到审美的享受。各种不同形式的艺术作品反映生活的方式是不同的。语义用语言符号来描述，舞蹈以形体动作去表现，而音乐又靠时间的流动来展示，至于图画，更常常是画雁不画天，画影不画物，画柳枝摇曳以显示微风轻拂，画罗帐低垂以寓其主人睡意正酣，十分强调以形传神，以不见知所见的艺术效果。这就要求人们在欣赏的过程中，发挥想象和联想，借助语言符号、形体动作，以及音符、色彩等外在形式，重新勾画出具体的实感的艺术形象来。由此可见，逻辑思维在审美教育中的地位是十分重要的。其中，理性因素的渗透亦是不可忽视的。

审美教育是由一种情感教育所引起的审美感受，这种审美感受具有感性直觉的特征。但是，感性直觉不等于没有理性因素的参与渗透，就像概念和推理是逻辑认识的外貌和呈现形式一样，审美教育所唤起的审美感受这种非概念的感性直觉性，也只是审美感受的一种外貌的呈现形式。审美教育唤起受教育者的审美直觉，感受之中始终积累着理性。对美的理性思考是提高美的鉴赏力、审美力的重要途径。

当我们读到一本名著的时候，我们会为作品的精彩描绘或刻画而发出"唉呀"的惊叹，但是这种最初的审美惊叹毕竟还是比较简单、初级的鉴赏，而比较高级的审美鉴赏则是在深刻的领悟、分析之后出现的，它需要鉴赏者借助一定的审美知识，在一定的审美观念理想中进行理性思考。

由此可见，审美教育在重视情感陶冶的同时，还要重视逻辑思维的发展；培养对美直接感受的同时，还要进行理性思考，做到在感性中把握理性，于感性中思考理性。当享受美或审美统一的时候，恰好证明这两种天性的可融性。

（四）多样性和渐进性相互结合

审美教育不应单一固定不变地进行，它的形式应该是机动灵活、丰富多彩的，按照一定的教育程序，由浅入深，一步一步地，来施加于受教育者，只有这样，才能使受教育者不仅乐于接受，而且能够接受。

审美的多样性，首先，是指审美媒介的多样性，是指要多渠道、多途径地创造风格各异的审美情境。立足于烟肉林立的闹市，可以听到鸡鸣狗吠的声音；置身于琳琅满目的书架，可以领略到风和日丽的漓江风姿。艺术作品为引起审美情感的最佳对象，可以引导审美主体远远超过个体狭隘的生活经验而获得极为丰富的情感体验。同样，自然也是我们进行审美教育取之不尽、用之不竭的源泉。德国美学家温克尔曼说过："美是自然的一种最伟大的秘密。"培养学生对祖国自然美的热爱是对学生进行爱国主义教育的最好方法。除此之外，在各类教学中，在日常生活中、实践中，教师都要随时随地随景随物地培养学生的审美感受力和审美鉴赏力。

其次，审美教育实施形式的多样性还表现在要针对学生审美的个性差异，因材施教，使学生的审美能力得到全面平衡的发展上。受教育者的个性差异是十分显著的，尤其对大学生而言，他们的个性十分突出。再者，每个人的生存环境、兴趣爱好、社会阅历又各不一样，因而，在审美教育的实施过程中，教师应着眼于他们的差异性，深切注意其内容的不同和程度的高低各异。

贯彻好审美施教的多样性原则，不但可以激发受教者的审美兴趣，而且可以使受教者的审美能力得到全面均衡的发展，有助于审美心理结构的完善。反之，审美施教如果总是利用单一的审美媒介引发受教者的感受，那么就会使受教者感到乏味厌倦，这不但会妨碍他们能力的提高，而且，还会使他们产生一种逆反心理和抵触情绪。

如果说多样性的审美施教在于使审美心理全面发展而不失去个性的话，那么渐进性的审美施教则在于使审美陶冶逐步深化，使受教者由较低层次的审美感受进入较高层次的审美感受。审美教育不能企求一下子使受教者达到高层次的审美境界，在注意培养他们审美情感的基础上，再进一步培养他们的审美理解力、审美表现能力和审美创造力，然后，才能使他们做到自觉地在静观审美之中，进入一种自由的审美境况，从而使审美情感化为高尚的审美情操，化接受审美教育为自我的审美教育、自我审美修养。

实施审美教育必须贯彻多样性与渐进性相结合的原则。若非如此，便不能使受教者的审美心理结构得到全面而深刻的发展，不能进入一个自由完善的境界，不能使一切事物服从于美的法则，并且不能在外部生命的形式中显出内在的生命。贯彻好这一原则，必须要做到以下十二个字：因材施教、循序渐进、因势利导。

高校审美教育的目标与内容体系

第二章

第一节　现代高校审美教育的目标体系

一、高校审美教育目标体系阐释

（一）审美教育目标的含义

目标，是指在客观环境和主观预测的基础上，人们行为活动的预期结果，是一种期望。审美教育目标就是从受教育者所要形成的审美素质的角度，来说明审美教育的作用和预期价值，即要把教育对象塑造成什么样子，其审美素质达到什么程度或境界，也就是期望作用对象在审美素质方面所要达到的标准或规格。所以，高校审美教育目标是整个高校教育目标的重要组成部分，是教育目标在审美素质方面的具体体现，是对高校审美教育结果的具体要求，也是对审美教育质和量的具体规定。它是整个审美教育活动的前提，决定着审美教育内容与各个步骤的方向度，制约着整个过程的进行。

目标是纲领，纲举才能目张。审美教育目标的提出，是教育活动的起点，而目标的实现又是一定的教育活动的终点。整个审美教育过程就是在其目标价值枢纽作用的观照下进行的，以实现目标为导向来组织、协调和调整主客体全部行动的过程。就是说，审美教育主客体的全部活动都是服从和服务于审美教育的目标的。只有确立了明确的目标，才会去设计、选择、组织合适的活动，目标处于审美教育整个过程中的第一步，它领导着今后的每一个步骤。为了实现预期目标，我们会努力寻找最佳途径，精心设计教育内容，积极探索各种方法，目标指导着审美教育活动的实施和深入。目标是活动的前提，目标不同，教育活动的规模和具体操作的程序也会不同。所以，正确、合理的审美教育目标，是贯穿整个教育活动和实现其价值的中心环节。

高校审美教育目标的提出是从客观实际出发的，它反映了不同社会历史条件和社会实践的要求，反映了教育对象的审美素质现状和发展的需要，是从社会对大学生的审美素质要求和大学生自身全面发展的需要提出来的。也就是说，它又是客观现实的反映，反映了一定社会发展阶段的经济、文化对教育对象达到的审美素质方面的标准，表述出了人才培养在这方面的具体规格，体现了鲜明的社会性、国家性、民族性、时代性和前瞻性特征。

（二）高校审美教育目标体系构建的意义

高校审美教育目标体系的构建，对整个审美教育的实施有着重要的意义。

1. 方向与标准

加强和改进审美教育，首先必须要确保其具有正确的方向性。我们的审美教育目标的制定，要以我国的传统文化以及现阶段的社会经济、文化、生活条件为基础，依据大学生的审美现状及发展需要来制定。一旦制定，就是工作的纲领，它对整个审美教育的向度和程度、内容和方法规定了方向，也就是确定了育人的方向和标准。如果目标正确、科学又恰当，就能使我们的审美教育工作充分体现中国特色社会主义社会的性质和发展需要，就能为教育对象审美素质的提高和全面健康发展起到导向作用。高校的审美教育就可以在总目标的指引下，通过具体目标去支配、调节、指导和控制整个教育过程，就会有标准可依，科学地选择相应的教育内容和方法，提高审美教育课程编制和教学的科学性与针对性，通过各种显性与隐性的教育活动，使学生达到教育目标所期望的目的，从而避免审美教育过程中的随意性和形式主义。

2. 科学与统一

审美教育是一个系统工程，需要加强教育工作的整体性和统一性，并将教育目标贯穿于教育工作的全过程，贯穿于审美教育的每个阶段、每个环节之中。过程的整体性和统一性，是体现审美教育是否科学的一个方面。高校应在审美教育总体目标的指导下有一个整体与科学的规划，即推进审美教育目标管理的实施，制订出具体目标并贯穿于教育的始终，以此来确定审美教育活动的内容、方法、载体、途径等的选择和设计，这是整个教育过程的逻辑起点。审美教育活动的实施，不可避免地会受到各种主客观因素的限制和干扰，我们只有时刻注意围绕教育目标，注意各层次、各方面的分目标之间的协调一致，才能避免偏离工作过程的整体轨道，避免造成混乱、内耗和损失，从而保证审美教育工作的整体性和科学性。

3. 实效与激励

以审美教育目标体系为导向来开展工作，可以增强工作的实效性，而这正是我们加强和改进审美教育要达到的根本目的。目标是出发点，是我们工作的导向，也是审美教育工作的归宿。审美教育是否有效，着重看工作的实际效果，其依据就是审美教育的预定目标是否有效。我们若能以审美教育的目标体系为向导来安排实践活动，把目标贯穿于每个环节、每个步骤的选择和安排中，并随时按照目标来调整教育的内容和方式，就能较好地保证目标的有效实现。此外，从教育者的角度来看，只有明确了工作目标后，才能有明确的工作方向，才能调动起潜在的积极性；只有在达到了工作目标后，才会产生成就感和满足感，从而激发出高昂的工作热情。所以，审美教育目标对教育者来说，既具有挑战性又具有激励作用。

4. 评价与考核

审美教育目标一旦确定，便成为一定时期内评价、考核审美教育整体工作、考核教育工作者绩效的客观标准。审美教育的效果究竟怎样，要根据预定目标实现的向度、程度方能确定，即要视目标的最终实现情况而定。高校审美教育应实行目标管理，不仅要制订出具体目标，还要有一套为实现目标而进行的组织、激励、控制、检查、评价的管理方法与制度。由于目标可以分解、落实到人，所以这样不仅可以对学校审美教育的总体目标实施情况进行考核，还可将个人完成的实绩对照目标进行考评。教师也可以具体目标去监督评价学生，构建审美教育评价体系。这样可以提高评价与考核的清晰度、准确性和层次性，使每个部门、单位和个人的教育绩效易于考察与评价。

二、高校审美教育目标体系的确立

（一）高校审美教育目标体系确立的依据

审美教育目标是整个教育目标的组成部分，作为审美教育活动所要达到的预期结果，在形式上体现着教育者的主观愿望和要求，但实质上反映着国家、社会发展、素质教育以及当代大学生自身发展的客观要求。所以，满足社会发展需要和当代大学生发展需要，是构建高校审美教育目标体系的两个重要依据。

1. 当今社会发展的需要

社会发展已进入了信息化和经济全球化时代。社会的转型，引起了整个社会生活方式的变化，审美教育目标的提出和确定，受社会发展所产生

的制约因素的影响越来越多。我们必须要考虑，如何使当代大学生形成合乎社会发展主流的审美观，以适应目前的日常生活以及审美化倾向。所以，满足当今社会发展的需要，是构建和确立当代大学生审美教育目标的重要依据。

在构建中国特色社会主义社会的过程中，经济建设提供物质基础，政治建设提供政治保障，文化建设提供精神动力和智力支持。所以，在当代大学生审美教育目标确立的过程中，我们不仅要适应社会上层建筑和意识形态的需要，还要适应社会转型发展的需要。在具体确立审美教育目标时，一是要考虑国家和民族的特点，从国家、民族的特点和传统出发提出要求；二是要考虑社会规范，即要维护和发展目前社会、生活秩序所必需的制度、规范和准则，因为人们在审美过程中，无一例外地需要一定准则、规范的指导和约束；三是要考虑与科学技术发展相适应，因为科学技术的新发展和市场经济的新发展，都给传统审美观带来了一系列新的问题与挑战，需要破旧立新；四是要考虑经济和社会发展对当代大学生提出的审美素质的新要求，如要具有正确的审美价值取向和理性等。总之，我们要考虑到社会发展的多方面因素，不仅要立足现实，从实际出发，还要面向未来，超越现实，适应社会未来发展的需要。

2. 当代大学生自身发展的需要

审美教育不仅要促进社会的和谐发展，还要促进人的全面发展，所以要根据教育对象自身发展的需要和心理发展水平来制定教育目标。也就是说，适应和满足当代大学生自身发展的需要，是确定高校审美教育目标的又一重要依据。

当代大学生正处于成长过程中，有自身发展的需要。这种需要有物质方面的，更有精神方面的。精神方面主要表现为自我价值的体现和自我完善的追求。需要是个体进取的内在动力和个性完善的力量源泉。在面向新世纪、面对今后的人生道路时，他们追求自我价值的实现，追求人格的完善，有着强烈的自我发展需要。如果精神追求得不到满足，他们的内心就会失去平衡，就会产生消极情绪，从而影响学习的积极性。我们的审美教育目标应该真实反映当代大学生的这种精神需求，正视他们的心理状态，用发展的眼光去看待当代大学生的素质，激发他们的积极性，帮助他们树立自信心，帮助他们实现成才的愿望。所以，我们要根据当代大学生的实际情况来制定具体的审美教育目标，通过循序渐进的审美教育，切实提高他们的审美素质，使其人格得到进一步完善。

审美教育目标体系的构建和确立，既离不开一个国家、一个民族文化的传承，也离不开社会发展的需要，更离不开学生自我发展的需要和审美心理发展的规律。事实上，这些方面并不是相互对立的，而是相互联系的，有着很多相统一之处。所以，我们要将这些因素综合起来，相互兼顾，力求达到目标的方向性与现实性、社会性与个体性的统一。

（二）高校审美教育目标体系的内容要点

审美教育目标，是根据社会发展和受教育者生存、成长的需要而提出的，反映着一定社会对其公民在审美需要、审美行为、审美心理等方面的基本要求和受教育者自身成长的需要以及心理发展水平。有专家学者认为，目前我国各级各类学校审美教育的总目标是："培养学生的审美能力、审美情操、审美理想，它以艺术美和现实美为教学资源，以培养美的感受力、审美力、创造力为教育手段，以塑造自由、健全的人格为最终目的。"[①] 这一目标，对审美教育具有指导与制约作用。同时，审美教育目标又是一个具有复杂性、多样性、层次性，且覆盖面很宽的内容体系。为了指导具体的实施过程，我们需要在系统论指导下对其进行分解，在总目标下可分为不同类型、不同层次的具体目标，这些具体目标是总目标系统中的子系统，是构成总目标的基本要素。各具体目标的内容有如下几点。

1. 培养正确健康的审美价值观目标

审美价值观就是人们对客观事物和现象的审美价值把握，它表现为人们从审美角度做出的判断、评价和行为倾向。通俗地说，它是一种美丑观，关系到人们喜爱什么、厌恶什么，是人们分辨美丑时所持的基本观点。它是一种主体内心持有的审美判断尺度，这把尺度由多种心理要素构成，包括审美需要、动机、趣味、理想等审美倾向，以及与此相关联的审美认知、审美情感、审美信念等。大体上，这些成分又可分为下列不同的层次。一是审美价值观的基础层次：审美需要与审美趣味；二是审美价值观的核心层次：审美判断与审美标准；三是审美价值观的高级层次：审美理想。

审美价值观是世界观的重要组成部分，是世界观在审美实践中的具体体现。因此，帮助大学生树立健康、正确的审美价值观，使之在审美活动中做

---

① 曾繁仁. 现代美育理论 [M]. 郑州：河南人民出版社，2006：329.

出科学的、客观的审美评价，就成为高校审美教育的重要目标。马克思主义审美价值观是指导我们审美活动的灵魂，因此，在审美活动中，我们要以马克思主义审美价值观为指导，教育启迪大学生的心灵，形成与历史发展趋势相一致的社会心态，塑造全面和谐的人格。

审美观是人的世界观和人生观在审美实践中的体现，它是人们在审美实践活动中形成的对美、美感和美的创造等问题的基本观点，是对审美对象进行审美评判的原则体系。人们对真、善、美三个方面的认识分别构成了真理观、伦理观和审美观。这三者互相联系又互相区别，成为世界观的有机组成部分。审美观正确与否，直接影响一个人对人生和世界的看法。所以，树立正确的审美观，对个人和社会都有巨大的影响，是审美教育的首要任务。人的审美观不是天生的，也不是一成不变的，而是建立在一定社会实践基础之上的，并随实践的发展而发展。人的审美观念是从实用观念发展而来的，墨子曰："食必常饱，然后求美；衣必常暖，然后求丽；居必常安，然后求乐。"人们只有获得了生存所需的最低生活资料，才可能进行包括审美在内的其他精神活动。审美观对人的社会实践起着极大的促进作用，因为人的实践活动是受一定的审美观所支配的，即使是出门前穿一件什么衣服，都会有审美观在衡量。文明的程度越高，人的审美自觉性也就越强。不同的人对美有不同的理解，这就形成了不同的审美观，有的正确，有的不正确；有的高尚，有的低级。我们要结合自身的审美实践，不断提高审美能力，并树立正确的审美观念。

2. 培养较强的审美能力的目标

审美能力是指人们感受、鉴赏和创造美的能力。美处处都有，但能否感受和鉴赏却因人而异。没有相应的审美能力，就不能对美有所感动。所以，高校审美教育的重要任务之一就是培养和提高大学生的审美能力。

审美能力包括审美感受力、审美想象力、审美鉴赏力和审美创造力。

审美感受力是指审美主体对审美对象的感知能力。它是审美活动的出发点。席勒说："感受能力的培养是时代最急迫的需要，这不仅因为它是一种改善对人生洞察力的手段，而且因为它本身就会唤起洞察力的改善。"[①]它包括审美感觉能力和审美知觉能力两个方面。

审美感觉是指审美主体对审美对象的外在形式特征，如线条、色彩、声

---

① 刘慧. 关于高校素质教育中美育教育的几点哲学思索 [J]. 金融科学：中国金融学院学报，1999（2）：129-132.

音等的直观反映。它比较具体、直接，也更多地带有生理的成分，与人的生理机制有密切的联系，是对美的事物的个别属性的反映，如看到花的颜色、闻到花的香味等。在改造客观世界的社会实践中，人的感觉器官逐渐脱离动物性而成为人的感觉、社会化的感觉。因此，人的感觉器官的生理反应常与人的社会生活相联系，超越了动物的功利性而具有了社会性。正因如此，人的感觉器官才具有审美的功能。

审美知觉是指审美主体对审美对象的完整形象的整体把握。它是对美的事物的多种属性的反映。与审美感觉相比，审美知觉具有综合性和整体性的特点，它可以调动我们的多种感觉器官，对审美对象进行综合感受，从而形成系统的整体的印象，如从花的颜色、味道、形状等各方面综合得出对花的知觉印象。审美感觉与审美知觉统称为审美感知。

培养审美能力，既要培养人对审美对象的外在形式的感知能力，更要培养人对审美对象的内在意蕴的体味能力，即观其形而体其神。如果缺乏对美的敏锐的感知能力，就不可能获得审美愉悦。我们不是缺少美，而是缺少发现美的眼睛。因此，提高人们的审美感受能力，训练人们的感觉器官，让人们更好地发现美、感受美是审美教育的基本目标。

审美想象力是指审美主体在以往表象积累的基础上，通过各种审美方式在头脑中再现出客观事物的感性映象的能力。审美想象力是人类自觉的有意识的本质力量的重要特征，是包括美的创造在内的一切创造性劳动不可缺少的。它在审美心理中占据着重要的地位。审美想象力以记忆表象为基础。我们头脑中是否储备了丰富和精确的记忆表象，直接关系着审美想象力的丰富与否。因此，一方面，我们要观察和体验社会生活和大自然的美，存储足够多的记忆表象，为丰富的想象打下基础；另一方面，也要有多方面的知识积累，为想象力的升华铺开理性之路。没有知识做后盾，想象力最终也会枯竭。此外，我们还应开展多姿多彩的对艺术美的鉴赏。艺术美是审美想象力最集中的表现，我们通过鉴赏艺术美，才能广开想象之门，培养我们的想象力。

审美鉴赏力是指审美主体对审美对象的鉴别和欣赏能力。它包括两个方面：一是对美丑的鉴别分析能力，二是对审美对象的领悟和评价能力。在复杂的现实生活中，美丑相杂，良莠并存，正如雨果所说："丑就在美的旁边，畸形靠近着优美，粗俗藏在崇高的背后，恶与善并存，黑暗与光明相共。"[①]

① 顾永芝. 略论丑的审美化 [J]. 南京艺术学院学报（美术与设计版），1991（3）：19-21.

因此，如果缺乏美丑的鉴别分析能力，我们就无法理解和欣赏美，当然也得不到更多的审美享受，更不可能做出正确的评价。此外，对美的事物，我们不仅要感受其外在的形式，更要领略其内在意蕴，这样才能获得无穷的审美享受。我们要欣赏美，就必须具备相应的能力。

审美创造力是在感知美、鉴赏美的基础上按照美的规律进行创造性实践活动的能力。审美教育不仅是培养人们发现美、欣赏美、热爱美的能力，更重要的还在于培养人们创造美的能力。审美创造能力是人的本质力量的充分发挥。它包括物质的审美创造和精神的审美创造。物质的审美创造包括自然美、科技美和社会生活美的创造，如改造山河、美化环境、科学发明等。物质的审美创造是功利的，又是审美的，而精神的审美创造主要是艺术美的创造，它是超功利性的。物质的审美创造与精神的审美创造相互联系，相互促进。

人的审美创造能力因人而异，有的平庸，有的非凡。审美教育的任务就是开发创造潜能，开启智慧之门，发掘和提高人的审美创造能力，使平凡的人变得非凡，使平庸的人变得卓越。我们要达到这个目标，一是要激发审美创造欲望，也就是要引导人们深入生活，在社会实践中发现美、感受美，激起心灵的冲动，充分发挥审美想象力，积极创造美好的生活。二是要认识和掌握美的规律，按照美的规律来创造美。美的规律决定着美的事物的性质，也决定着事物的发展过程和最终结果。只有认识和运用美的规律，才能更好地创造美。三是要注重创造性思维的培养和训练。创新意识和创造性思维是一切创造活动的基础。没有创新意识和创造性思维，一切科学发现和发明，一切艺术创造都不可能。所以，发展审美创造力，就是要培养创新意识和创造性思维能力。

3. 塑造健全审美心理结构的目标

审美心理结构是人的心理结构系统的一个子系统，是主体内部反映客观事物的审美特性及其相互联系的心理活动结构，是构成主体与客体审美关系的中介。它包括感知、想象、情感、理解等因素。这些因素相互影响和作用，形成了人的审美心理活动，从而使人产生审美感受、审美体验和审美判断。

审美心理结构的特征主要体现在以下几点。

第一，理性积淀在感性之中。审美结构中的理性因素不是以逻辑的形式表现出来的，而是积淀和渗透在感性之中，溶化在想象和情感之中，需要感悟和意会才能领略的，如"横看成岭侧成峰，远近高低各不同，不识庐山真面目，只缘身在此山中"。诗中所写是庐山之景，但其中蕴含的意味却远远超出了感性形象。

第二，超功利性。审美心理活动不以直接功利为目的，而要与审美对象保持一定的审美距离，对之采取观照和欣赏的态度，如欣赏画——《虾》，不是为了满足食欲。人们通过对审美对象的欣赏，获得了精神上的享受，这样可以更好地投身到改造世界和创造美的社会实践中。从这个意义上说，审美的超功利性中又蕴含有功利的因素，即人类社会生活的功利性和实用性。

第三，强烈的情感体验。在审美心理结构中，情感占据主导地位，审美主体始终处于饱满的情感状态，具有强烈的情感体验。这种情感体现审美主体的主观态度。审美情感是一种高级情感，它也不同于科学情感和道德情感。虽然都是高级情感，但科学情感不直接渗入认识过程，科学认识需要的是客观的观察和冷静的思考。审美情感直接渗入审美对象，贯穿于审美全过程，使审美过程成为情感体验过程。这个过程甚至出现了"移情"现象，也就是将主观情感投注到审美对象中，使审美对象似乎也有情感，所谓"登山则情满于山，观海则意溢于海"。道德情感要求立即化为符合某种道德规范的现实行动。而审美情感并不要求立即付诸行动，只是采取观赏的态度就可以，重在情感体验。

审美心理结构是人的健全心理结构的重要组成部分，是其他心理结构所无法替代的。它是培养感性与理性融合、情感与理智协调的健康人格的基础，可以培养人树立超越的人生态度，使人的个性和谐、全面发展。审美心理是个体在先天和后天共同作用下形成的，是在心理过程与个体心理方面所具有的较稳定的基本特征、倾向和品质。它是大学生整体素质的重要构成部分，可以制约、影响或促进其他素质的形成与发展。高校通过有目的、有计划的审美心理教育活动，可以使学生掌握一定的审美心理知识，开发学生的心理潜能，增强自我心理保健能力，提高心理调适能力，使之具有鲜明的审美个性，健康的情感，高雅的审美情趣，从而形成健全的人格。审美教育是塑造健全的审美心理结构的最佳途径。

上述三个方面的目标，虽各有其自身的特定内容，但又是一个不可分的有着内在有机联系的整体。

三、高校审美教育目标的分解

（一）高校审美教育目标分解的依据

高校审美教育目标分解的依据有三，分述如下。

1. 满足审美教育目标自身结构与实施过程的需要

目标是目的的具体化和规范化，审美教育目标本身就是一个多维度、多层面的复杂的体系，我们仅仅抓住总目标是无法落到实处的，必须要考虑如何把总目标进行分解与细化，也就是说，目标本身客观地有着分目标。总目标和分目标之间是从属关系，总目标决定着分目标。审美教育的总目标是教育实践的总方向和总要求，它一经确定，就决定着教育的根本内容、措施、步骤与方法等，具有高度的概括性与抽象性。在教育实践中，只有将其分解成具体的、可操作的、有标准的、分层次的目标体系，总目标才有可能得到实现。可见，目标体系的分解与细化是必要的，但又需建立在对总目标的充分理解和准确把握的基础上，并且始终要以教育的总目标为核心和灵魂，而分目标只有以总目标为中心，才能显示出其价值。在实施过程中，分目标又成为教育实践的具体方向，实际地体现着教育总目标在某一方面、某一阶段、某一水平上的具体要求。所以说，审美教育的分目标反映并服务于总目标。当代大学生审美教育的实践，只有努力完善其目标体系，尤其要制定完整的、具有可操作性的具体教育分目标，才能使总目标得以落实，并顺利实现。也就是说，审美教育目标体系自身结构内部存在目标之间的从属层次关系，就是我们进行目标分解的重要依据。

从审美教育总目标提出的内容来看，显然也存在不同的内容层面。审美教育的实施过程，就是通过各种方式和途径，把目标所要求的内容转化为受教育者的思想、观点，并形成其行为习惯的过程。要想使各个不同内容层面的实施过程收到预期的效果，我们就必须要使这些不同层次的实施过程有各自具体的活动目标。这也就需要对整个目标体系进行分解与细化，把它划分成若干个不同层次的子系统，构成目标实施序列。只有这个总系统中的各个组成部分在教育实践中都分别发挥各自独有的作用，才能使整个目标体系处于充分发挥效能的状态。审美教育实施过程的规律与实际需要也对其目标体系的分解提出了要求。

2. 考虑当代大学生思想、心理的发展水平与接受能力

审美教育目标的分层，是根据受教育者的思想、心理发展水平和接受能力提出来的。当代大学生的思想、心理现状，直接影响着教育目标要求的广度和深度。过去，高校比较习惯把学生作为灌输、约束、督导的受教育对象，现在已越来越清楚地看到，学生作为审美主体乃是自己审美原则、观念的真正确立者和创造者，如果把他们的自主、自觉从教育过程中抽掉，就不可能真正达到教育目的。所以，审美教育目标的分层和序列，就应当根据当代大学生的思想认识水平和心理接受能力来编制。尽管大学生有了一定的知识水平，思想、心理的成长较之中学生要成熟许多，但仍处在进一步成长与发展中，科学的审美价值观尚未确立或正在建构之中。而且其审美素质有上、中、下之分。所以审美教育目标不能笼而统之，而要分层实施，从基础性目标开始，再到成长性目标，最后到发展性目标。目标定高了，会使学生感到可望而不可即，就会丧失追求的信心与勇气；目标定低了，会使学生感到这些都是自己已经做到的，不必再追求，影响学生的进取心。因而，学生的思想心理发展水平与接受能力，及其具有的阶段性和序列性，也是高校审美教育目标分解的重要依据。

3. 符合社会对当代大学生审美素质发展的规格要求

21世纪，知识是推动经济发展的动力，而掌握知识的人所具有的人文素质则是社会的动力源。人文素质是指导我们应用知识为社会谋利的方向舵和指南针。审美素质是人文素质里重要的素质之一，具有审美素质的人，往往心灵美好，情感丰富、精神境界高远，其向往美好、追求理想、厌恶丑恶、反对虚假，既渴求真理，又遵守公德。这样的人，会将其知识益化，使之合于人类理想，益于人类社会发展，塑造一个美好的世界。审美教育的目标就是将文化知识内化为良好的审美素养，使之利于人的品德修养和境界提升。

当代社会的一个显著的时代特征是：人才、知识、经济三位一体，互相包容。但知识的学习与储存并不一定能完全转化为能力。只有将知识外化为创造性能力才能实现培根说的"知识就是力量"的价值。知识总是与其获得者和使用者的能力相伴随，只有通过审美教育开启人的心智，进行一定的实践训练，特别是思维及能力训练，知识才能转化成能力。具有创新能力、开拓能力、思维能力、表达能力和组织管理能力的智能型人才是最受社会欢迎的。当代社会对教育的要求就是有目的的、有针对性地让学生潜移默化地将

人文知识转化为心理、非智力的深厚素质与良好的心理品质。这样，人才才能从仓库型转化为素质型，才会具有一定的社会价值。也就是说，社会需要高校审美教育体系有比较全面而深入的结构分解。

（二）高校审美教育目标分解的要点

1. 正确处理目标的主次关系

正确处理目标的主次关系即处理好过程目标与终极目标、首位目标与非首位目标的辩证关系。审美教育的终极目标就是总目标，是目标体系中所含价值最高的目标，它在目标体系中占有最重要的地位。过程目标是目标体系中所含的局部或阶段性目标。在二者的关系中，首先，要坚持过程目标以终极目标为指导的原则。过程目标只有与终极目标联结起来，才能转化成为终极目标的有机组成部分，成为整个目标体系中不可缺少的环节。同时要注意，过程目标（第二、第三及以下层次的目标）虽不像终极目标那样在目标体系中占有最高位置，但它具有强烈的直接性和现实性。没有过程目标，终极目标就会成为空泛的抽象。为此，高校审美教育必须牢固树立终极目标观念，以总目标统率过程目标，根据终极目标提出人才培养要求，对学生施加有目的、有计划的影响。同时，要以过程目标为中介基础，通过过程目标的演绎积累来实现终极目标。过程目标之间也要注意自身的衔接与连贯，保持每一个过程目标与终极目标的逻辑一致性。一般来说，第三层次或更细化层次的目标才具有可操作性。比如，较高审美鉴赏力的培养，是整个审美教育目标中的一个环节，但它的实现也不可能在某一天突然实现，而是要通过一系列具体的教育和实践活动逐渐达到。也就是说，如果只强调总目标的作用，忽视过程目标，忽视对学生审美素质的过程培养，终极目标的实现也只能是空中楼阁。

2. 正确处理近期、中期、远期目标的关系

审美教育从时间维度和发展阶段上划分，可以分为近期目标、中期目标和远期目标。

近期目标是审美教育在较短时期内能够实现的目标，从个体角度来讲，就是要解决大学生面临的种种审美困惑，传授基本的审美理论知识等。中期目标是经过长期的努力才能实现的审美教育目标。对个人而言，就是要较大程度地提高受教育者的审美能力，以及形成健康的审美心理，促进受教育者

的迅速成长。远期目标即长远目标，是经过相当长时间的持续努力才能实现的审美教育目标。对个人而言，就是要引导学生树立科学的审美价值观，适应社会发展的需要，并使其成为全面发展的优秀人才。

总体来说，审美教育的近期目标是中期与远期目标的基础，是目标发展链条中的首要环节，只有先达到近期目标，解决好眼前的问题，才能打好基础，进而发展与形成中期与远期目标。审美教育的中期目标是联结近期目标和远期目标的纽带与桥梁，是审美教育的阶段性目标，既对近期目标的制定和实施起着指导和制约作用，又对远期目标的实现起着阶梯作用；既是近期目标发展的必然结果，又是远期目标实现的必经阶段。审美教育的远期目标是整个目标体系中根本的、最高的目标，是近期目标和中期目标的指南，它规定了近期目标和中期目标的性质和方向，贯穿于审美教育的全过程，对社会和个人的审美素质建设起着重要的导向与推动作用。在高校审美教育目标的实施过程中，我们要争取处理这三者的关系，对时间做一通盘考虑，按近期、中期、远期目标分序列设置大学生在校期间的审美教育目标，在时间上尽量细化到每学年的要求上；在空间上把具体目标分解到教育、教学、管理、服务的各项活动之中，分项落实与推进；从近期目标开始落实，循序渐进，最终达到教育目标。

3. 正确处理共性与个性的关系

在审美教育过程中，受教育者是实现其教育目标的主体。审美教育的过程不仅是教育者有目的、有计划地对受教育者进行教育的过程，同时也是学生接受教育并把教育要求主动内化为自身审美素质的过程。没有后者，教育目标就无法真正实现。所以，我们在对审美教育目标进行分解或设计时，应从学生的实际情况出发，遵循审美素质形成并逐步递增的规律进行设计，以促进学生个体的内化过程，这是直接关系到审美教育目标能否真正实现的一个根本问题。对当代大学生而言，由于其面对的社会环境的复杂性，高校就更应该根据教育对象的身心发展规律，根据学生的实际审美素养水平来设定教育目标。这就要求我们正确处理整体教育与个体内化的关系。

第二节　现代高校审美教育的内容体系

一、高校审美教育内容体系构建应遵循的规律

（一）尊重学生成长的规律

青年大学生群体处在已经成年，但又未在真正意义上走入社会的人生关键阶段，其身心发展特征、规律与中小学生和社会成年人截然不同，因此，高校在设计审美教育的内容时应该尊重这一成长规律。一方面，高校要在对青年大学生人格形成和发展规律研究的基础上，从人的认知、情感、意志和行为四个层面入手，有针对性地选择和设计教育内容，以达到科学地、循序渐进地培育审美价值观的教育目的；另一方面，在设计教育内容时，要注重教育内容既要符合当代青年大学生自主性较强、个性张扬、思想求异等身心特点，同时又要符合大学生在思想、心理、行为等方面的成长规律。

（二）尊重审美教育的规律

高校可以利用艺术美、社会美、自然美等多种方式实现审美教育中的教育目标。通常，高校都是经过审美创造和接受来实现最基本的审美教育活动的教育目标。若想让学生认可教育内容，把内在的审美需求激发出来，形成强烈的审美意愿和正确的审美理解，就要在设计教育内容时，符合大学生的审美需求、审美接受和教育内容的内在规定性，这样才可以实现尊重审美教育的规律。受教育者依据一定的审美理想，根据美的规律，利用不同的手段，自觉进行审美实践活动即为审美创造。审美创造的动力是社会现实和审美理想之间的差异。审美教育要能够使受教育者认识到审美理想的丰满，反思社会现实的不足，唤醒受教育者的创造欲望，同时，帮助受教育者实现审美过程的形象性和情感性的内在统一，并赋予其情感以内在理性，从而使受教育者的审美创造实现从无意识到有意识，由自发到自觉的演变过程，最终收到水到渠成的教育功效。

（三）尊重时代发展的规律

我们处在这样一个时代：与不远的过去相比，大学生的思想、心理和行为以及他们所处的学校、家庭与社会环境都已经发生了变化，并且正在发生着巨变。改革开放四十多年，随着中国经济体制改革和经济的快速发展，人们的思想观念和生活方式也处在一种快速多样的变化中，2000 年左右出生的跨世纪的一代大学生，在世界经济一体化的大环境和网络"联通"世界的背景下，思想和生活方式被打上了强烈的新时代的"烙印"。审美教育的内容能否做到尊重时代发展的规律，并不断改革创新、与时俱进，这直接决定着教育的效果。构建新时期的审美教育内容要尊重时代发展的规律要顺应时代的发展。审美教育要随着时代的变迁与时俱进，在内容上要不断丰富和创新，使之成为为当代青年大学生所喜闻乐见的内容，从而更愿意去接受、更乐于去接受、更有兴趣去接受，使审美教育内容的创新成为审美教育发展过程中的关键一环。这也是既符合审美教育内容发展的内在规律，同时也符合审美教育内容发展的时代要求。

二、高校审美教育内容体系构建应遵循的原则

高校审美教育内容体系的整体构建，应根据系统论原则，搭建审美教育的要素结构和层次结构，把各项教育内容有机组合，由浅入深，由低到高，由远及近，由具体到抽象，由感性到理性，形成科学化、系统化、规范化的审美教育内容体系。具体而言，应遵循以下几点原则。

（一）前瞻性与现实性相结合的原则

高校审美教育是立足现实也面对未来的教育实践活动。审美教育的内容应当和目标一样具有理想性和超越性，应当超越现实生活的内容，才能真正起到引导和激励作用。审美教育的内容应体现当代大学生在发展中的审美价值观，应面向大学生今后的发展，要坚持以先进的审美理念、先进的审美理论、先进的审美评价标准等来教育学生；应引导学生认同和履行现实社会中积极的、先进的审美思想和审美行为规范，批判现实社会中落后的、不符合时代发展要求的思想和规范，反映社会文化的发展和人的发展的需要。如果审美教育的内容缺乏前瞻性，那么，这些内容就不能有效地发挥其导向作用，就无法调动学生的积极性，从而失去它的吸引力。

当然，审美教育又必须以现实的社会和现实的学生为基础，以现实的客

观条件和学生的审美认知水平为出发点。审美教育的内容如果不立足于社会文化和学生的现实情况，不考虑学生的可接受性，就会流于形式，流于空泛的说教，缺乏针对性和实效性。所以，高校审美教育内容的确定，必须坚持前瞻性与现实性相结合的原则。一方面，要加强对社会文化现实问题和学生审美认知实际情况的研究，着眼于解决现有的审美困惑与矛盾；另一方面，要充分反映社会文化未来的发展趋势，观照学生未来可能面对的种种审美问题，要着眼于把学生的审美认知水平引导、提升到更高层次，真正认清社会文化的发展方向，树立正确健康的审美理想。目前，社会文化发展呈现全球化、网络化等特点，这对当代大学生的审美素质发展提出了许多新要求，我们的教育内容要与之相适应，并体现一种发展性的要求，就要不断充实反映时代特征与学生密切相关的教育内容，如网络审美、生态审美等。事实证明，审美教育内容体系的构建，只有坚持前瞻性与现实性相结合，才能取得导向性与实效性相统一的效果，也才具有说服力和生命力。

（二）导向性与主体性相结合的原则

我们在构建高校审美教育内容体系时，无论其内容有多么广泛和复杂，都必须始终坚持马克思主义审美观在各项内容中的主导地位，要以马克思主义的审美理念、审美规范去教育引导学生。尤其是在审美价值观念急剧变化的今天，唯有确立科学的意识形态的指导地位，才能保证大学生正确的审美价值导向。审美教育的内容首先必须坚持正确的导向性，不能消极、被动地迎合学生的需要，而是要积极、主动地适应和引导学生。

与此同时，审美教育的内容还必须充分考虑个体自身发展的需要，考虑学生在学习、认知发展过程中所具有的能动性和创造性。因为审美教育是以人为对象的实践活动，需要学生积极、主动地参与，若忽视学生的主体性，就会使教育处于被动、消极、片面的状态。所以，审美教育的内容体系应该是导向性与主体性的有机统一，既要坚持正确的审美价值观导向，又要尊重学生的主体需求，调动学生的主动性和积极性。

（三）整体性与层次性相结合的原则

高校审美教育内容体系是一个包括多层次、多方面的美学知识、审美观念、判断标准、审美行为规范等的有机结合的整体，它的全部内容都应紧紧围绕教育目标，每个方面又密切相关、相互配合、相互作用，构成一个复杂的系统，具有育人的整体功能。也就是说，审美教育内容首先是一个围绕目标的整体。但由于审美教育的目标是分层次的，所以审美教育的内容必然也是分层次的；而且学生的审美认知也是一个循序渐进地从低层次向高层次运动的过程，其教育内容的设置与安排应该与学生的审美认知程度相一致，即也需要从低到高分层进行。审美教育的内容结构如何划分，没有一致的看法，但就其主要内容而言，是大体相近的。这种整体性与层次性，既是矛盾的，又是统一的。我们在构建高校审美教育内容体系时，要坚持整体性与层次性相结合的原则，一方面，要从审美教育这个整体系统出发，考虑各方面内容在这个大系统内的地位以及内在关联，考虑各个阶段教育内容的衔接，保持系统自身的完整性，防止出现各自为政的现象，弱化审美教育的功能；另一方面，要从系统内部区分不同的层次，既有较低层次的普遍性教育内容和要求，又有具有超前性的高层次的内容和要求，要按照社会文化发展和当代大学生的实际需要，有选择、有重点、有步骤地安排教育内容，以切实提高实效性。

三、高校审美教育内容体系的确定

本书所构建的审美教育内容以大学生发展为根本出发点和落脚点，从人的审美心理结构的基本规律出发，着重加强审美认知教育、审美情感教育和审美实践教育等方面的内容设计和实施。

（一）审美认知教育

我们理解审美认知教育的基本含义首先要弄清认知的基本概念。认知是心理学家描述人的认识能力的概念，既包含了一种动态性的加工过程（认识），也包含了一种静态性的内容结构（知识）。对认知的理解，学者之间还存在一些差异。代表性的观点有以下几种：陈菊先认为："认知（知识）的发展，说到底是结构的发展，是结构的不断扩展和螺旋上升的建构。"[1] 张春兴认为，认知即"认识""学习"，指"个体经由意识活动对事物认识与理解的心理历程"。[2] 从静态的角度来看，认知即"知识"或"信念"。认知包括从低级的感知过程到复杂的言语及问题解决过程，它是个体知识经验积累的前提；"个体在认知活动过程中获得的各种认知结构或图式，既成为其

---

① 刘堂斌. 建构认知结构，增强主体意识——开放式文言文教学初探 [D]. 武汉：华中师范大学，2001.

② 张春兴. 张氏心理学辞典 [M]. 上海：上海辞书出版社，1992：123.

知识经验的一部分，同时也是人格及其他个体差异发展的基础"①。

结合前面对审美所下的定义，综上所述，审美认知教育实际上是对审美活动中的认知过程和接受过程实施的教育，是对美的信息进行输入、编码、转化、储存、提取运用等的审美信息加工活动。从审美心理学的角度来看，审美认知教育是促使受教育者形成的一个审美心理认知结构。这一结构是审美个体在审美活动中形成的，并对未来的审美活动起着支配作用。审美教育活动主要包括对审美理论知识的把握了解，对审美信息的加工和处理，以及对审美活动心理机制的控制与把握。审美认知教育是个体进行审美活动中的重要环节，是获得和运用加工审美信息的内部心理活动，对形成正确的审美感受和审美意识具有重要作用。因此，在具体的教育过程中，笔者认为在原有的审美教育活动的前提下，应注重以下几个方面内容的设计实施。

第一，要注重系列性、层次性的审美基础知识教育。当前，在高校开展审美教育的过程中，学校开设的审美教育课程及活动主要集中于艺术教育环节，并且大多数的教育内容集中于专业类的审美技能的提升和发展，在很大程度上，并没有摆脱以智育为衡量标准的基本思路。一般情况下，高校以审美为主要内容的课程主要分为以艺术专业为基准的必修课程和以非艺术专业为基准的选修课程。而实际上，审美教育内容应与艺术教育、美学教育有所区别。审美教育不仅仅侧重美学基本理论的灌输与讲解，而且要将美学的原理与日常的审美鉴赏有机结合起来，构成多种类型、多种层次的系列内容，进而普及审美教育的基本理论，促进审美素养的提升。其一，通过知识的讲授，使学生先理解何为美、何为审美，以及为什么要审美、怎样审美等一系列基本问题，为日常的审美鉴赏提供指导；其二，进行审美的生活性感知，通过进行具体的艺术欣赏、各种艺术门类的接触了解，以及在日常生活中的审美批判，综合性了解绘画、雕塑、影视、戏剧、建筑、音乐、舞蹈、戏剧等不同艺术的审美特质；其三，将审美教育渗透到各门类科学的教育活动中，并充分提升自然美、社会美、科学美等审美对象的教育内容，最后将教育内容统一到人格的审美之中。

第二，注重对悲剧与喜剧、丑与荒诞等审美形式的辨明。在日常的审美认知教育中，对悲剧与喜剧、丑与荒诞等审美形式的辨明，也应当是教育内容的一个重要环节。这些样式的审美形态以各自不同的样式，从多维的角度刺激审美对象——大学生的感觉和情感，从而对他们产生作用，影响他们

---

① 陈少华. 人格与认知 [M]. 北京：社会科学文献出版社，2005：12.

的人格发展。例如，悲剧能够借助引起人们的怜悯和恐惧之情来使人们的灵魂得到净化和陶冶。这是由于悲剧主人公往往遭受的痛苦并不是由于他的罪恶，而是由于他的某种过失或者缺点，因此他的遭遇就会引起我们的同情与怜悯；特别是他又不是好到极点的英雄，而是和我们相似的凡夫俗子，这又会使我们担心自己会由于同样的错误或者缺点而受到惩罚，由此就产生了强烈的恐惧和不安。悲剧的事物先压抑我们，之后鼓舞我们。悲剧有不幸，有死亡，但它的更本质的东西却是崇高性、壮丽性、英雄性。那种英勇不屈的品格、激烈悲壮的境遇使人们的崇敬之情油然而生，从而激发起努力向上的意识。在崇高与悲剧精神的感召下，我们才可以胸襟开阔，从而摆脱低级、庸俗的趣味，使生存质量不断得以改善。

相对悲剧，喜剧给人以不同的审美体验，它往往带给人的是轻松感、愉悦感。喜剧先制造一种紧张，又使之在不付出主体代价的前提下得到解除。先惊后喜，由知觉想象到理解顿悟，感情的运动迅速敏捷，其间，没有心灵的痛苦。在喜剧氛围中，压力被缓解，情绪得到放松，心理达到缓和，精神得以休息。对常处于紧张心境的人来说，这是一种极好的心理补偿。喜剧欣赏要求人们要进行清醒理智的审美观照，机敏地发现其不协调的喜剧性，顿悟其喜剧意义，反思人类社会及人类自身的丑恶、缺陷和弱点，发现其反常、不协调等之处，从而锻炼、提高欣赏者的机智敏锐的审美判断能力，实现对自我与现实的超越。喜剧教育更利于培养人们幽默的审美心理、达观的人生态度。喜剧艺术的幽默性给人以深刻的影响。具有幽默态度的人乐观豁达、包容万象，以微笑面对生活。幽默的乐观精神使人会对某些令人尴尬的境遇、失误付之一笑，会在生活的波折面前泰然处之，并且可以清醒坦然地超越当下的矛盾与不足。

而丑和荒诞往往更加具有深刻的意味，"一旦放弃了通常的与和谐的，而且一旦形成的不平常的选择强烈吸引我们的注意时，我们便能领会到，那激发美感的东西表现了藏在内部的有价值的精神生活……一般来说，丑如果突然出现，就会含义深长"[1]。荒诞艺术促使人们从麻木、平庸的生活中猛然醒悟，从而深刻意识到生存环境的荒诞。它以非人化的人物形象表现人的尊严、价值的丧失，成就了"作为人而成为人"的价值的要求，从对丑与荒诞的感受中生发出摆脱丑与荒诞的愿望，在抑丑扬美的审美理想指导下投身于审美创造实践之中，用自己的行动去建造美好的世界。

---

[1]　德索. 美学与艺术理论 [M]. 兰金仁, 译. 北京：中国社会科学出版社, 1987：157.

第三，加强对民族传统文化的审美引导。按照荣格的集体无意识理论，不同民族、不同国家有着不同的文化心理，亦即不同的人格特质。中华民族有五千多年的历史，其优秀的传统文化，博大精深、源远流长，极具社会美和人情美的代表性元素。人类历史上曾有过四大古文明：两河流域文明、埃及文明、印度文明、中华文明。其他文明都曾经中断过，有的文明几近消失，唯有中华文明从没有中断过。这说明中华民族的传统文化极富合理性，有着深厚的底蕴和强大的生命力。他塑造了中华民族的国民性，历练了中华儿女的民族魂。中国优秀的传统文化是中华民族屹立于世界民族之林的基石，是中华民族劳动人民道德智慧的结晶，是中华民族的巨大财富和不竭精神动力，是无数中华儿女坚强的信念支柱。鲁迅曾指出，越是民族的就越是世界的。可见，没有深厚民族文化底蕴的东西是不会具有独特的个性并且得到世界文化的认可的。因此，肯定中国传统文化的教育价值，弘扬优秀文化传统，是大学生审美教育中的重要内容。

（二）审美情感教育

审美情感从概念上讲是指审美主体对美的各种意识形式的情感表现和内在心理表现。审美情感教育主要包括审美关爱教育和审美理想教育。在审美活动中，审美情感产生于主体的审美实践中，而又引导、规范着主体的审美实践活动。在以美成人的审美教育活动中，我们应注重以下几个方面的教育内容。

1. 审美关爱教育

一般来说，人的基本需要大致分为物质需要和精神需要。在审美活动中，审美情感是在审美活动中，自觉获得的内在心理感受。审美关爱教育与一般的审美认知教育不同，它并不与实用功利的目的直接联系在一起，它注重的是人格本身与审美情感的内在契合。在审美关爱教育中，最为重要的是教会当代大学生学会关爱、学会真诚，建构人格中中国传统文化所特有的"仁"的特质。

从一些高校的审美教育来看，培养青年大学生的审美情感并不难，关键在于高校审美教育的发展和建设。当前不少高校倡导和组织志愿服务活动，如定期开展敬老助残活动、社区服务活动、爱心募捐活动等，这既是一种有效的德育手段，也是培养当代大学生审美情感的重要方式。

当然，学校还可以通过审美教育课堂的教育、校园文化环境的熏陶、校园文化活动的引导，帮助大学生形成健康的人格。因此，在大学生的成长教育中，高校应以审美情感的熏陶和培育为目的，通过开展丰富多彩的关爱教育活动，使他们学会体恤和关爱他人，在家庭关爱自己的亲人，在学校与人真诚相处，尊重老师、帮助同学、关心集体，从而形成高尚的道德品质、良好的行为习惯和主动的团队合作意识。长此以往，学生能够自觉形成积极的情感体验，并且具备关爱的意识，懂得关爱身边的人和事，这对完善大学生自我人格品质具有重要意义。

2. 审美理想教育

审美理想是审美意识中居于最高层次的审美范畴。在艺术活动中，审美理想得到了最充分、最集中的体现。它是在审美经验的基础上产生的，并且是对这种经验的高度概括。审美理想产生于社会实践中，人的全部社会活动，在一定意义上说，就是不断地认识现实、产生理想，并实现理想的过程。人的审美理想就产生于这个过程中。作为审美经验的凝结与升华，审美理想与一般的社会理想、观念又有所不同，而且是有经验性的形象特征，非逻辑概念所能涵盖或替代。但是，要充分表现审美理想，使审美理想"物质化"，变成任何其他人都可以接受的东西，那就只有借助于透视审美理想的"棱镜"来反映现实的艺术才能做到。

审美理想在人的认知活动中发挥着极为重要的导引与推动作用。对美的坚信与追寻是许多重大科学发明的基本动力。比如，哥白尼提出的令世人震惊的"日心说"，在一定程度上就是源于对科学美的追求，尤其是受到了毕达哥拉斯派提出的圆（球体）是最美的图形、宇宙是球体等美学思想的影响。这种影响的有力解读者是伟大的科学家爱因斯坦，他曾明确指出，在他从事科学活动时："所有这些努力所依据的是，相信存在应当有一个完全和谐的结构。今天我们比以往任何时候都更没有理由容许我们自己被迫放弃这个奇妙的信念。"[①] 审美理想并不是表现出来的逻辑形态，而是深藏于审美主体内心之中的审美经验和艺术直觉。康德认为，审美理想是审美主体的先验条件，为审美活动提供标准和条件，是审美活动发生的重要前提条件，是审美活动的基础和前提。因此，审美理想也就会对认识活动产生重要的影响，因为审美认知是以审美理想为恒定的认知标准和尺度的。因此树立正确、积极

① 方在庆. 真理、因果性与探索的动机——爱因斯坦的实在论初探 [J]. 清华大学学报（哲学社会科学版），1997（1）：39-45.

第二章 高校审美教育的目标与内容体系

向上的审美理想，对当代大学生的成长有着极其重要的作用，它使认知活动指向理想人格，以理想人格提供的标准和条件为前提来建构大学生的人格。

（三）审美实践教育

审美实践教育可以有效地促进感性发展，实现审美情感教育，从而促进完整人格的形成。感性既指向艺术，又指向现实，审美教育以感性为起点，实现价值生成。"在当代社会，人愈来愈生活在数字与图像的包围中，审美感官的迟钝及感知对象的非真实性，成为影响人全面发展的重大问题。作为感性教育的审美教育，其首要的任务就是培养人对外部世界的感知能力，即整个身体与对象世界的相融。这种教育目标虽然看似低级，但对人的全面发展却是奠基性的。"① 感性发展包含两个层次，既包括感性要求的满足与解放，又包括感性的提升与塑造。审美实践教育一般也包括审美体验、审美创造等环节。审美实践教育一般由主体的审美体验、审美创造等环节组成。审美实践是通过人的自主性实践，逐渐体会人的自由自觉的对美的创造，并将美的内涵最集中、最直接地体现出来。审美实践教育是功利与超功利的统一与结合，它既内合于美的无功利性，又指向人格养成这一功利性目标。

社会美是审美实践的重要环节。一般来说，"人的感悟生命首先是一种自然生命力"，"生命的存在与运动使人具有自然的需要和欲望"。② 然而，在人类漫长的进化过程中，人的感性生命在社会实践中不断受到理性的规范，并逐步积淀社会文化的内容，这使人的感性生命有了新的内涵。可以说真正的人的感性能力应该是作为社会人的感性能力，即渗透着认知力、理解力、判断力等理性要素的感性能力。

审美教育是以审美形式解放人的感性因素，并使之得到适当释放和文化提升的过程，从而达到激发深层心理活动中的非理性因素的目的，使之保持旺盛的活力。在审美教育实践中要注意到感性发展的这两个层次，既要满足学生基本的感性需要，在此基础上又要使学生的感性能力得到提升。感性需要的满足是提升学生感性能力的基础，感性能力的提升又会进一步使学生获得更高层次的感性满足，这两个方面是互相渗透、互相促进的。目前的审美教育实践偏重知识技能教学，忽视学生的审美需要、兴趣和个性，学生的感

---

① 刘成纪. 美育的哲学基础与价值选择（笔谈）[J]. 郑州大学学报（哲学社会科学版），2008，41（6）：96-98.

② 王旭晓. 感性、理性、审美与人的完善 [J]. 南京理工大学学报（社会科学版），2000（1）：31-38.

性需要无法得到满足，因而也就很难提高学生的感性能力。既然学生的需要无法在学校审美教育中得到满足，学生自然会把注意力投向校外，从而更多地受到大众审美教育的影响。

审美教育实践以发展学生的感性能力为首任。因此，在教育过程中我们既要尊重和发展学生的个性，又要以直观的审美形式为依托。这是因为，感性寓于个性之中，没有个性也就没有感性，而富于意蕴的直观形式能够给人的感性因素提供自由表现的机会，事实上也就赋予感性以充分发展的权利和条件。所以，笔者认为，在审美教育实践中，促进感性发展要做到以下三个方面。

首先，尊重和培养个性。不脱离感性，也就是不脱离现实生活和历史具体的个体，这一点在审美教育中非常重要。因为感性见于个性之中，尊重感性就意味着尊重学生的个性，发展学生的个性，这是审美教育作为感性教育的最基本、最关键的宗旨。一般而言，严格意义上尊重个性、建构个性并强化个性的本体意义的教育，当首推审美教育。德育，尽管也提倡个性化的教育，但是任何一个严谨的教育学者都得承认，德育，在本体性上是建立某种普遍的道德伦理规范，在德育中的"个性"只具有方法论意义。在智育中，个体对这个世界的各种好奇探究的眼光从根本上会受到某种尊重和保护，但是不管他们以何种个性化的方式来把握这个世界，最终这些体验都必须靠拢、贴近、化归于某一真理性知识。审美作为感性的活动不仅在审美对象方面要求是个别的、具体而生动的存在，在审美主体方面也是极力推崇个性的眼光、个性的感受、个性的体验与个性的直觉与洞察。审美不仅期待着个性，而且造就个性、生成个性，没有个性也就没有审美，也就没有审美教育。

其次，尊重学生感性需要，完善学生感性机能。人的感性机能主要包括感觉、知觉、情感、想象等，它们在审美、艺术活动中发挥着重要作用。它既包括感官层面的机能，也包括情感体验层面的机能。这种感性机能以情感为核心，但又不止于情感。这是因为感性是一个贯通了肉体和精神的个体性概念，它包含生理和心理两个层面。感性教育固然以心理机能的完善为核心，但是生理机能的完善也不容忽视。人的一切活动都要以一定的生理机能为基础，在审美、艺术活动中也是如此。因此，在人的审美和艺术活动中，教学要重视学生的感性需要，关注作为感性活动基础的生理机能，并对个体的人格、人性做整体性观照。

最后，运用直观的审美创造影响学生的观念意识，形成良好的审美趣味

和审美观念。感性教育以把握对象内蕴为归宿，而不是以逻辑结论为主旨，这是一种生机勃勃地面对对象的领悟理解。然而，人们习惯了以概念、推理等形式来认识世界，容易忽略通过实践、体验等直观形式来把握世界。其实，直观形式得到的观念意识，往往比概念形式中的观念意识更丰富，而且能对人的心灵产生更加深入细致的影响。尤其是在人们几乎单一地以理性来认识世界的情况下，我们更需要发展人类的感性，更需要发挥直观的作用。正是从这个意义上来说，我们认为审美教育也是一种感性教育。

高校审美教育中的教师分析

第三章

第一节　高校教师的审美素质

一、教师审美素质的内涵及其重要性

（一）教师审美素质的内涵

审美素质是人拥有的审美人格、理想、能力、情趣等各种因素的总和，它是人的审美能力和意识的综合展现，能够让人理解并掌握审美教育和美学的基本理论知识，并运用其欣赏、分析、感受艺术、自然、生活中的美的现象，指导实践教育，提升塑造审美的自觉性，提高审美理念的拓展与深化能力。审美素质体现在对美的欣赏和接受的能力，此外，对审美文化的创造和鉴别能力也属于素质的一部分。有相应的美学理论基础和文化知识水平才能接受美、认识美、懂得美，这需要通过教育和自我教育进行后天培养，而非先天拥有的。

虽然人们常说，爱美是人的天性。但事实表明，有爱美之心，并不等于就有了美学修养，更不意味着真正了解美、懂得美。在相对长的一段时期内，对人才的培养，人们普遍重视专业教育，强调专业知识和技能的灌输、训导，而审美教育作为完善人才素质的组成部分，其地位没有得到实质性重视和真正保障。面对异彩纷呈的艺术市场，由于缺乏系统的培养，致使一些包括广大审美教育工作者在内的人既缺乏欣赏高品位艺术的兴趣，又缺乏欣赏和鉴别艺术的品位，要么对美的事物无动于衷，要么不加选择地胡乱赏识。教师虽然从事教育工作，承担教育人、引导人的职责，但上述问题仍然普遍存在。如果这种情况任其发展，势必会造成大学生的审美欣赏水平滞后，这与社会发展的要求不相符。

教师审美素质的培养和提高有赖于审美素质教育，即在教育中培养感受美、认识美、鉴赏美、创造美的能力。艺术可以激发人们深沉而无私的感情，进而影响人的精神世界。当今社会，艺术门类日益丰富，艺术世界五彩缤纷，各种艺术对人的思想冲击无法回避，只有具备欣赏和鉴别艺术的素质，才可获得更多有益的艺术熏陶，从而抵制有害艺术或伪艺术的浸染。教育者由于所扮演的社会角色的特殊性，教育他人先要接受教育，有计划地接

受正规教育和培训，有目的地进行自我教育，通过对自然界、社会生活、艺术作品中的美的事物或现象的感受，进行自我教育和熏陶，从而成就审美教育。教师应在理论和实践的结合上下功夫，有意识地锻炼自己，逐渐获得审美感受、培养审美理想、积累审美经验，从而成为具有审美素质的人。

（二）教师审美素质的重要性

教师常被人誉为"人类灵魂的工程师"，而"人类灵魂"是要用"心"去努力塑造的，正所谓"育人先育己，正人先正心"。教师审美素质的建构在于使教师回归生命之本真状态，在实践中自觉追求逻辑理性与道德情感、人生信念与实践行为和谐统一，使教师能够成为自由的、有创造性的、实践存在着的人，恢复教师自我生命及生活的完整，进而实现教师自身的幸福。教师在培养学生的同时，也在净化自己，这只蜡烛在照亮别人的同时，首先要照亮自己。

1.教师审美素质建构意味着"主我"与"客我"的有机和谐

美国人格心理学家米德在 20 世纪初就用"主我"与"客我"两个概念来描述自我的两个侧面。"主我"指的是具有深度价值感与意义感的内隐自我，它包括对本体自我"我究竟是怎样的人"的追问和对理想自我"我应该成为怎样的人"的期待；"客我"指的是外在的社会现实自我。教师对自我生命构成主客我彼此间矛盾关系的道德调节，反映了教师对自身的道德关怀，同时它也影响着教育内部整体关系道德调节功能的有效发挥。"客我"生存与"主我"存在的矛盾，直接导致了教师自我权利驾驭失控。德性是一种习惯于欲求正当之物并选择正当行为去获得的个人品质。它是一种获得性的人类品质，这种德性的拥有和践行使我们能够获得实践的内在利益。作为主客我关系之维，理想状态的德性伦理强调在主客我关系的调节中保持适度的张力，实现合"主我"目的性与合"客我"规律性的辩证统一，它能够使教师在实践中自觉追求逻辑理性与道德情感、人生信念与实践行为和谐统一的完整教育，使自己回归生命之本真状态，成为自由的、有创造性的、实践存在着的人，进而实现对自我和谐关系之网的良好把握，实现自身的幸福。

2.教师审美素质建构意味着教师形成了外在事功人格与内在德性人格的有机统一

教师审美素质建构意味着教师形成了外在事功人格与内在德性人格的有机统一，意味着作为具有尽可能丰富的联系和属性的教师主体已经能够从系统的、整体的、全面的角度去从事认识与改造世界的活动。教师外在事功人格即教师实然的处世能力与应世之道，表现为教师具有的"何以为师"的知识、技能与技巧，即"教什么"的学科专业知识与"怎么教"的教育专业技巧。教师内在的德性人格，即教师自然的人生价值追求与为人之道，是教师主体在对自身职业的意义、精神归属、教育方式的体认基础上而生成的精神品质与道德境界，是教师对自身"以何为师"的人生目的追求，它对教师自身发展起到了"方向性"的定向作用。教师审美素养是教师内在德性人格与外在事功人格的辩证统一。教师的内在德性人格是中心点，外在事功人格是挺立点，事功人格需要德性人格的引领，德性人格需要事功人格的观照。德性人格的目的在于使教师向内探寻，有效实现对自我生命境界的提升；事功人格的目的在于向外求索，有效实现对客观现实环境的改造。教师由此具有了这一特殊职业群体所独有的做人品格与做事能力，从而实现了教师自身"内圣而外王"的人格境界。

3. 教师审美素养建构意味着教师心灵的成长

教育是心灵唤醒的艺术，如果教育者本身精神空虚、心灵贫瘠，这样的教育效果可想而知，充其量只是一种简单的知识传授，其中充满着机械和枯燥，学生缺乏兴趣和心理认同，这样的教育就没有生命力。如果一个教育者精神充实、知识渊博，时刻以自己的人格影响学生，以自己的心灵感召学生，那么，这样的教育教学就充满了灵性，充满了文化的气息，因此必然会激发学生的学习兴趣和求知的强烈欲望。教师审美素质的建构目的在于培养和提高教师对美的欣赏、鉴别和创造能力，并使之建立起崇高的审美理想，形成健康的审美情趣，让心灵得到陶冶，人格心理结构得到完善。教师审美素质建构意味教师的整体人格得到发展，从而真正成为一个心理健康、奉献社会的园丁。因此，要想真正成为一个心理健康、奉献社会的园丁，就绝对不能忽视审美的这种特殊功能。在此基础上，教师在成长中日渐聚集的强大力量，心灵的内涵不断丰富，外延不断扩展，教师生成了主动追求理想的文化自觉，这种文化自觉会带领教师不断地鞭策自己、完善自己。教师生命由此而日渐脱离平庸，朝向优秀乃至卓越持续迈进。

4. 教师审美素质建构意味着教师形成了一种新的生活与存在方式

教师在自我审美素质建构中也会不断生成自己的生活方式。首先，形成一种亲近自然的生活方式。自然是人向往中的心灵净土。人的生命源于自

然，最终也会回归自然，与自然浑然一体，没有了雕琢的痕迹，没有了功利虚名的压力，徜徉于自然，融化于天地，物我两忘。最原初的"本我"，不可遏制地奔涌而出，洗尽尘世的铅华。当人与自然为伍时，身心才会获得安顿，找回真我。其次，形成一种有趣味、爱美、好玩的生活方式。教师生活是平凡的、琐碎的、宁静的。但是，充满情趣的教师会在平凡而琐碎的生活中发现快乐、体验快乐、享受快乐，成为拥有幸福感的教师。教师还要成为一个爱美的人，然后要成为一个好玩儿的人。爱美是指他的审美力，好玩儿是指他的童心。最后，教师在生活中应成为一个和自己的时代保持张力的建设者。什么叫保持张力？就是要有一种审视的态度，有一种批判的态度和保持自己判断力的态度，也就是不轻易盲从，不轻易认同，不轻易妥协，即我有我的价值观，我有我的判断力。

《中庸》中有一段话："唯天下至诚为能尽其性。能尽其性，则能尽人之性。能尽人之性，则能尽物之性。能尽物之性，则可以赞天地之化育。可以赞天地之化育，则可以与天地参矣。"只有天下最真诚的人，心体之诚能够发挥到极致的人，才能够完全发挥出自己的天赋本性，从而完成自己生而为人的天赋使命。能充分发挥他自身的本性，就能充分发挥众人的本性；能充分发挥众人的本性，就能充分发挥万物的本性；能充分发挥万物的本性，就可以帮助天地培育生命；能帮助天地培育生命，就可以与天地并列为三了。教育在于实现人类客观与主观文化之间、主观与主观文化之间以及个体内部感性、理性与行为文化之间的有机协调，这就需要教师既要尊重外在事物发展的客观规律，又要尊重人的内在主观精神；既能入于书，又能出于书，在人类客观文化与自我主观文化之间灵活转化；教师要能够具有尊重个体文化多样性兼收并蓄的包容精神及厚德载物的博大精深；教师应能够顺应学生多元文化需求及对文本的多元化解读，促进学生与文本主体对话，帮助学生抵达有教学价值的意义空白或意义未定的基础结构，使教学内容在文本与学生的主观精神之间、在历史、现实、未来之间、在各门学科知识之间、在理论的科学世界与实践的生活世界之间自由地穿行。而只有作为具有尽可能丰富的联系和属性的主体才能从系统的、整体的、全面的角度去从事认识世界的活动，才能有能力实现文化之间的能量互动，进而实现教育最终的目的——人与社会的共生共荣。教师审美人格建构本质上是教师回归生命之本真状态，在实践中自觉追求逻辑理性与道德情感、人生信念与实践行为的和谐统一，使教师能够成为自由的、有创造性的、实践存在着的人，从而恢复教师的自我生命及生活的完整，进而实现教师自身的幸福。

二、高校教师审美素质的理想结构

（一）审美能力

审美能力是审美主体进行审美活动的必备条件，是主体对对象的形式、结构、形象及蕴含情感的妙悟能力，是主体感受快乐和认知美的功能、特性的能力。对高校教师而言，审美能力是其审美素质的基础，也是关键，背景没有什么能力，也便不能进行审美活动，自然也就不能开展审美教育。同所有的审美主体一样，教师的审美能力主要包括审美感受力、审美鉴赏力、审美创造力等方面的内容。

1. 审美感受力

人的审美感官对审美对象进行感知的能力是审美感受力。审美感受力的表现是人们通过耳闻目睹对现实中的美进行直观把握。美的直观印象需要一定的审美感受力作为基础，若没有则难以实现，也无法把握和捕捉美的元素。引导受教育者在审美实践中提升和培养对美的事物的感受力和敏感性，以及对艺术美、社会美、自然美的兴趣和爱好等，均是审美教育工作者的首要任务。敏锐程度的标志是审美感受力的高低。一个人若能快速捕捉美的对象并生出情感反应，说明拥有敏锐的审美感受力。相反，就算美的事物展现在眼前也会漠不关心。培养和提高审美感受力，只能在实践中实现。教育者置身美的事物中，融入美的环境中，在引导受教育者的过程中提高自我，通过耳濡目染，亲身领略客观事物和现象的美，从而形成和提高审美感受力。

2. 审美鉴赏力

人的评价美、认识美的能力即审美鉴赏力。审美想象力、判断力、理解力等都包含在内。审美鉴赏能力在人们进行艺术素养、思维能力、训练和实践经验、学习的基础上形成与发展，是以主观爱好的形式体现出来的对课题美的评价和认识，是认识与创造、感性与理性的统一。在艺术创造与欣赏中，审美鉴赏力形成并获得发展，所以也被称为"艺术鉴赏力"。它拥有民族性、时代性、社会性以及鲜明的个性特征，其对以美的规律和理想去改变世界，创造和发展科学的、健康的、文明的生活方式，对提高审美鉴赏力起到一定的帮助作用。拥有高审美鉴赏力的人，既能在一瞬间被美的事物深深感染，也能迅速做出审美判断，找出美的所在。审美理解力是审美鉴赏力的

前提。审美鉴赏水平的高低取决于审美理解力。我们通过实践得到证明，若要对一个事物有深刻的感觉，必须先理解这个事物，审美理解也是如此。所以，审美理解力的培养和提升与审美鉴赏力有直接的联系。努力学习科学、文化、文学、艺术等方面的知识，扎实基本功，扩宽知识储备，用心思考生活，用心看待世界，厚实人生积淀，丰富社会阅历等是培养审美理解力的必要途径。对艺术品而言，只有把握住了因民族传统所决定的表现形式、作品内容的思想倾向、艺术品产生的时代等，才能称得上理解它，从而产生审美感情。同样，提升高审美理解力所必须懂得的知识之一是艺术手段的基本规律及艺术语言。这些因素是培养和提高审美鉴赏力的基础条件。

3. 审美创造力

审美创造力是审美主体根据美的规律表现和创造美的能力，是最为复杂的一种审美能力，是审美活动的高级阶段。在大量审美经验积累的基础上，根据美的规律创作出拥有美的形式与丰富深刻内容的作品以及成果即是审美创造力的表现。语言信息、认知策略、智慧技能等是形成审美创造力不可或缺的一部分。马克思主义关于审美创造方面的理论是美的规律的理论，其明确提出人类创造活动并不是任意的，而是有规律可循的，人类按照美的规律来创造美的事物，美的规律是把人类的主观愿望和目的，即"内在固有的尺度"与具体事物的客观属性，即"任何物种的尺度"结合起来，把人的本质力量表现为可供人审美欣赏的具体感性形式和生动形象。

审美主体的主体性充分肯定了马克思主义关于美的规律的理论，同时，作为审美创造材料的客观事物的规律性也没有忽视，然而，也对人的审美创造做出了深刻的理论概括。审美教育工作者的审美创造力依托于教育实践中，根据人的成长发展规律、教育的规律、美的规律、客观事物的规律，在对象上附着理想、智慧、情感、思想，并使其成为可供欣赏的、生动的形象、可感的审美对象。这种审美创造在教育活动中成为审美教育的一部分而存在。审美教育创新与审美教育工作者审美创造力的形成和发展共同进行和存在。

（二）教学、管理技能美

审美教育的开展不仅需要专业的课程，也需要在日常的教学中进行渗透，所以，高校教师的审美素质还应该体现在他们的教学技能以及管理技能上。

第一，教师要提升教学技能美。教学既是一门科学，也是一门艺术。在教学实践中，教学艺术展现了美学特征，并给予人们审美感受。一些学者认为，教学拥有审美性、思想性、科学性三重性，对应着教学的"美""善""真"，教学活动本身所拥有的特性之一是教学的审美性。因事物的功能和特点联系密切，所以，教学的审美性使教学过程拥有了审美功能。教学的审美功能和审美性特点的发挥体现在教师的教学能够产生扣人心弦、令学生着迷的审美魅力。教学美是教师依据美和教学的规律创造出来的，既是教师精湛的教学艺术的体现，也是智慧的结晶。

第二，教学过程拥有和谐美。教学和学习两者协调统一形成教学过程。教师要尊重学生的主体地位，让学生得到自主全面和谐可持续的发展，教学要实现多种心理能力的协同作用，充分发挥想象和情感的作用，实现理性因素和非理性因素的交流，从而形成一种活跃、生动的气氛。

第三，学习内容拥有充实美。教学美非常重要的一部分是教学内容的丰富性。体育运动、艺术、劳动技术、社会道德知识、科学基础知识等范围的教学内容都要丰富，而不是仅限于教学内容本身。教学内容的丰富美包含教师和学生加工改造之后而具有美的特征的内容，也包含从人类文化知识体系中直接迁入的丰富的科学美、自然美、社会美、艺术美等内容，还包括以善的内容、真的内容获得的美的形式。

第四，教师要提升管理技能美。在对学生的管理中，尤其是与学生进行交流时，教师要注重沟通的技巧、愉悦的氛围和良好的交流，可以对培养学生和顺利开展工作起到一定的帮助作用。在管理工作中，教师要经常了解和掌握学生的思想和需求，及时创新和修改方法，运用学生喜欢和乐于接受的方式高效地进行管理工作，进而在工作中得到学生的认可和尊重。

教师和学生的情感沟通、工作交流、知识传授等互动是否顺利，与审美教育者在管理、教学中是否展现出工作的美感和艺术性有直接关系。因此，提高教师的管理技能美、教学美非常重要。在实际工作中，教师的教育教学能力和技巧可以通过进修、交流、培训等方式得到提升。

（三）人格、道德美

1. 人格美

人格是一个人的尊严、潜在能力、道德品质、气质、性格等方面的综合，即人之为人的一种规定性。教师的精神境界的充分展现是教师的人格，是其魂魄所在，它反映着一个教师的品、才情、心性等方面的综合素质。教师的人格素质如何，在教与学的过程中直接影响着学生。"学高为师，身

正为范。"古人云："己不正，何以正人？"教师是学生的榜样和表率，是学生锤炼心志、养成人品、获取知识的导引者。教师在人格方面的表率或榜样作用潜移默化地发生着，并通过学生内心的接受和认可，进一步内化学生的意愿和理念。这样的内化过程是在学生心中确立教师高尚形象和人格权威的过程，一经确立便会深深地扎根于学生心中。

教师人格魅力的重要组成部分是高尚形象和人格权威，这对审美教育效果有着非常重要的影响。经教育心理学和教育的实践实验证实：教师和学生要在施教者的才情、学识、人品等方面有一定的心理位差，这样，被受教育者，也就是学生才会仰慕、尊崇教师。学生才会充分地记忆、领会、理解教育或教学的内容，才能真正获得教育过程的效果。因此，在审美教育中，教师不仅要拥有融会贯通、广博专深的学识，还要具备卓越的品行和人格，这样才能对学生产生很强的人格魅力，从而实现审美教育活动。

2. 道德美

教师的道德美既包括个人品德，也包含职业道德。当然，由于教师角色和职位的特殊性，教师的个人品德大多体现在职业道德中，所以在此仅论述教师的职业道德。具体而言，教师职业道德大致包含六个方面：一是献身教育，忠诚事业。师德的最高准则是忠诚于教育事业。只有对教师职业有了正确理解和认识，忠诚于社会主义高等教育事业，才能产生高度的责任感、事业心，视培养新人为己任和天职，全心全意，无私奉献；不怕辛苦，不计得失；敬业乐业，矢志不移，献身于教育事业。二是精心育人，热爱学生。师德的核心是教书育人。学校教育是通过教师的劳动来促进人、改造人、塑造人、培养人的全面发展。教书育人是对教师和教育目的关系的道德要求进行调整。它是教育行为的宗旨，是教师劳动的全部内容。精心育人中既有爱，也有严，要做到爱而有韧，严而有恒；爱而有导，严而有方；爱而有为，严而有度；爱而有情，严而有爱，把爱与严有效地结合起来，达到最佳的育人效果。师爱，是一种强大的教育力量和手段，是一种积极的情感。众多优秀的教师凭借严格、深沉、公正、无私、博大的爱挽救了误入歧途的青年，培养出一代又一代的优秀人才。三是为人师表，以身作则。师德的本质要求是"人师"与"经师"合一，师德的生命是为人师表。教师在生活作风、工作态度、政治思想上要以身作则，必须正人先正己，在教学过程中，以高尚的人品、渊博的知识、精湛的教学技巧吸引和感召学生，教学生正派、认真、严肃做人。四是精益求精，治学严谨。高校教师必须求真务实、刻苦钻研、

以美化心，以美育德——高校审美教育研究

孜孜不倦、谦虚好学，使自己的知识能力在高度、广度、深度等方面得到持续不断的发展，这样才能以其渊博的学识履行其促进学生全面发展的天职，不然难以做到真才实学。五是勇于创新，锐意进取。高校教师的品格特征是不断创新。新时代的高校教师为了更好地教育学生，必须不断地探索真理、开拓进取，转变"教书匠"的传统角色思维，积极开展科学研究，进行知识创新。六是团结协作，严己宽人。高等学校教师的传统美德是宽以待人。因教师劳动成果的集体性和劳动形态的个体性，高校教师必须严格要求自己，要处理好与部门、领导、同事之间的关系。教师对学生要理解、尊重，要与学生为善；教师之间要共同提升、取长补短、相互学习。

（四）外在美

教师的审美素质不仅包含审美能力、道德品质等内在方面的美，还应该包含外在方面的美，而高校教师审美素质中的外在美主要表现为风度美和语言美。

1. 风度美

人的表情神态、修饰打扮、举止言谈、动作、形体、容貌等展现出来的美即风度美。风度美是人在长期的社会实践活动中形成和发展起来的，是人的生活习惯、个性特征、文化修养、道德情操、精神境界的外在表现。在人类社会发展进入一定历史阶段后，人们将自身作为审美对象而进行审美活动时，便成为欣赏和创造的对象。以下三个方面的内容是风度美所包含的丰富内涵。第一，人的精神状态通过美的仪态、神态、动作等展现。形体美的展现是充满活力、健康匀称的身体。仪态美的展现是衣着合体大方，五官端正，透出神采。行为美的特征是需要献身时表现出的大无畏的英雄气概，为人求实进取，潇洒自如，温文尔雅，谦虚礼貌，言谈举止得体。人性美不可分离的两个因素是外在美和内在美，两者的和谐统一是理想的人性。一个人不能只追求外表的漂亮潇洒，而远离心灵美，不然会沦落为"金玉其外，败絮其中"的绣花枕头。塑造美好人生时，我们要注意自己的品德和心灵，也要注意自己的形象和仪表，做到内在美与外在美的和谐统一。第二，人的情趣、修养、品德、个性、气质的外化。风度美看似是在外在行为中显露出的美，但是，重在内涵，偏重修养，贵在内在美的自然流露。一个人不管言语如何委婉动听，只要缺少内在修养，就无法掩饰其内心本质的庸俗，纵使万般努力表现，若品德修养不够，没有思想深度也是徒劳。第三，人的形态不

同，决定了风度美的多样性。风度美属于一个复杂的审美范畴。人的社会阅历、人生经历、生活环境、个性特点等不同，导致自然风度也不一样。美在社会生活中是丰富多彩的，风度美的表现更是千变万化。有的人持重稳健、蕴藉含蓄；有的人诙谐风趣、热情奔放；有的人文静贤淑、质朴端庄；有的人豪放粗犷、爽朗潇洒等。人的内在精神境界、道德情操、性格、气质等是决定风度美的主要因素。风度美善于凸显个性，取长补短。风度美表明了人类在完善和认识自我方面所拥有的指向和要达到的高度，是人类文明的象征。

审美教育工作者在教育活动中往往是作为一面镜子，标立在他人的面前的，一颦一笑、一举一动都会映入人们的眼界。人是很容易产生盲点的，眼睛生在自己身上，功能却是用来看别人的，当一面镜子摆在面前时，人们得以很容易地观察一下自身。审美教育工作者因为所处的位置，很容易成为别人，尤其是受教育者观察自我的镜子，起到镜鉴作用，产生反馈效应，因此，风度美关乎生活，也关乎事业。风度美主要是在日常生活实践中形成的，它必然受民族习惯、地理环境、历史条件、文化传统及多种社会意识形态的制约，不同的历史时期，所反映出来的有关风度美的内容、标准、评价方式必然有所不同。风度美是人类遵循美的客观规律，实现自我认识和自我完善的结果，它也为自身的言行举止提供审美或自我塑造的依据。审美教育工作者追求风度美，必须要做到内在美与外在美的有机统一，只有心灵美，才会显现出风度美。任何一种风度，总是共性与个性的和谐统一，是自然与修饰的有机统一，自然显露与外在装饰浑然一体，才能充分体现风度美，给人们以强烈的美感。

2. 语言美

妇孺皆知，人们沟通的桥梁是语言。在人与人的交流中语言有时是屋漏遭阴雨，有时是久旱逢甘霖。语言可以在矛盾丛生时烟花飞尽，一地尘埃，升起哀怨情仇，也能化干戈为玉帛。语言和意识一样，由与他人交往的迫切需要产生。

心灵美的外化表现是语言美，礼貌、谦逊、文雅、和气；清晰精确、言简意赅；富于韵味、生动活泼；谈吐文雅、语言文明；合乎逻辑、用语准确等是其基本要求。心灵美的直接展现是语言，由语言表现力、道德品质、思想情感、文化修养各不相同的个体来表现，因此，语言美有不同的展现形态。语言美直接影响人际关系的协调和交往的效率，是人际交往的必要手段。将优美的语言运用于审美教育工作者与受教育者交流的过程中，会收到意想不到的效果。对教育工作者而言，语言美不只是用几句华丽的辞藻，停留在表面上的，而是需要扎实的理论基础作为辅助，运用技巧才能博得众彩。语言美的灵魂是思想，语言美的源泉是知识。培养心灵美、提升审美文化素质、加强语言修养，才能达到语言美。审美文化修养越高，文化知识越丰富，思路和视野就会越开阔，说起话来就能挥洒自如。缺乏知识储备，孤陋寡闻，会使其语言表达成为无源之水，捉襟见肘，思维容易出现"短路"。言语道德修养与言语行为是否文明有着直接联系。没有一定的文化修养，不可能妙语惊人，也不可能言谈文雅。一个人的内心世界包含审美心理、知识、情感、人格、道德、思想等，语言美是内在品格的自然流露，要借助语言把内心活动的内容表达出来。我们若想语言优雅动听，就需要具有智慧的心灵；要想有美的语言，就需要具有真情实意。

通过自己的言行表现出个人的心灵，在表达对事物的主张、观点、认识、感受的同时，良知、胸怀、情操、思想也被展现出来。伟大思想的自然结果是行为高尚，志气远大、胸襟豁达的人通常会有高雅的谈吐。语言美的内涵是情感美，言出于思，情动于心。没有真挚而炽热的情感，就不可能打动别人的心，没有正确而深刻的思想，就不可能叙述令人折服的言论。说服只有情理交融和结合才有力量，才能以理服人，以情感人。语言美的魅力是艺术美，首先思想美、内容美决定着语言美，这并不意味着否定用语技巧，轻视语言的艺术美、形式美。语言美必须言简意赅，生动活泼，若没有高超的用语艺术，就不能表达出高深的思想，精辟的语言和高深的思想是相辅相成、相得益彰的。语言美有利于促进社会的安定团结，陶冶人们的文明情操，滋润人与人之间的关系。因此，语言美是时代的需要，是精神文明建设的需要，也是个人成长的需要。教育者的必修课之一便是修炼语言，这是自我需求，也是社会的要求。

利用艺术欣赏、旅游观光、艺术类课程等方式来提升教师和管理人员的艺术素养。对教师而言，把工作及工作对象作为一个具体的感性形态的整体进行审视，可以提升我们的艺术素养，并有利于激活、放大人的审美能力。以不同的形式表现美，使教师在教学的过程中通过自身的语言、手势、表情、语态等方式，充分地创造美的氛围，使学生能够感知美、体会美。所以，教师要注意使用适当、流利的语言，自然适度的表情和姿态，锻炼健康的体魄等细节，而并非仅限于提升自身艺术素养。教师要以审美的眼光搭配服饰，与环境和职业相协调，做到大方得体，使自己成为学生的榜样。

第二节　教师审美素质与学生审美素养构建

一、教师审美素质：达于"教育无痕"之至高境界的根本途径

教育家苏霍姆林斯基说过："造成教育青少年的困难的最主要原因，在于教育实践在他们面前以赤裸裸的形式进行，而处于这个年龄期的人，就其本性来说总是不愿意感到有人在教育他的。"[1] 教师自身以"真""善""美"的使者形象出现于学生面前时，学生才会信服，才会效仿，才会激发起他们发自内心地对"真""善""美"的追求。"桃李不言，下自成蹊"，教师应把精力放在完善自我上，教育中的许多哲理，只可意会不可言传，这是人和人的心灵上最微妙的接触。只有具有理想审美素质的教师才可达于"不教"而教的理想教育意境。

首先，教师审美素质对学生具有示范作用。的确，教师个人的示范，对青年人的心灵来说，是任何东西都不可能代替的最有用的阳光。教师必须有美的心灵，这是教师人格魅力中最核心最有价值的部分。教师的心灵美最核心、最有价值的应该是对真、善、美的理智而忠贞且恒久的追求。教师要在政治思想、个人品德、价值观念、行为习惯等方面，为学生树立榜样，要求学生做到的，自己首先要做到，要知行合一。教师是用自己的思想、学识和言行，通过榜样示范的方式直接影响学生的。而学生又都具有"向师性"和"模仿性"的特点。与学生朝夕相处、教书育人的教师自然是学生模仿和学习的对象。教师光明磊落、纯洁高尚的道德人格对学生来说无疑具有显著的示范作用。亲其师才能信其道，教师的人格魅力会使学生因为喜欢一位教师而喜欢一门功课。一个被学生喜欢的教师，其教育效果总会超出一般教师。学高为师，身正为范，榜样的力量是无穷的。教师人格魅力的示范作用是不言而喻的。

其次，教师的审美素质对学生具有激励作用。教师虔诚的敬业态度以及为达到教育目标而表现出来的强烈责任心，本身就是激励学生积极进取、奋发开拓的无声召唤，是激励学生的一种手段、一种动力，它能有效地利用学

---

① 王涛. 网络环境下大学生思想政治教育增效策略研究 [J]. 青年与社会（下），2014（1）：52-53.

生的心理倾向，激发学生身上潜在的积极因素，使其朝着期望的目标前进。这种因师生日常相处而对学生的心灵所显示出来的无形的"感动"和"震撼"作用，比课堂上人生观教育所运用的语言更富有魅力。尊重和热爱学生是教师职业道德的核心，具有人格魅力的教师无一不是信任、尊重和热爱学生的。这样的教师能使其尊重、理解、关怀、信任如阳光一样照耀在每一位学生的身上，学生倍感亲切和温暖，从而产生心灵的和谐共振。这样就会牢固树立起教师在学生心目中的"精神父母"的高尚而可亲的形象，学生自然会自愿接受约束，不断增强自我教育、自我修养的主动性和自觉性，从而促进学生的自我发展、自我提高。

最后，教师审美素质对学生具有熏陶作用。孔子说："与善人居，如入芝兰之室，久而不闻其香，即与之化矣。"因此，教师的人格魅力是一名优秀教师所要永远追求的修养与修为。然而教师的人格魅力不是天生就有的，它是在教师长期的职业生涯中，通过社会各方面的影响和个人反复的磨炼，通过不断的理论学习和实践锻炼才形成的。教育无痕，却彰显出教育的最高境界。似雪落春泥，悄然入土，孕育和滋润着生命。虽无痕，却有声有色；虽无痕，却有滋有味；虽无痕，却如歌如乐，如诗如画。教育的最大技巧是无技巧，是能通过自然而巧妙的引导，达到最优的效果。妙到不露痕迹，是"随风潜入夜，润物细无声"的。有位教育家说过："当孩子意识到你是在教育他的时候，教育也就失去了其应有的魅力。"[①] 而无痕的教育，如醇酒，"著物物不知"，却无声胜有声。在教育中要达到春风化雨、润物无声的效果，仅仅靠语言等技巧性训练是远远不够的，眼神的传递、微笑的赞许、体态的鼓励等富有艺术性的策略往往能起到点睛的作用，更重要的是要有深厚的人文素养积淀，去唤醒和培植学生心中的美好人性，关注和挖掘学生的潜质。

二、教师审美素质对学生的化育方式

经师易得，人师难求。具有审美素质的教师对学生心灵的影响非常久远和深刻。教师以自身高尚的素养塑造学生，是一部鲜活、深刻、丰富、生动的教科书，拥有着巨大的榜样作用。教师在教学实践中用自己的人格塑造学生的人格，用自己的灵魂铸造学生的灵魂，用自己的心灵呼应学生的心灵，用自己的个性影响学生的个性，用自己的意志调节学生的意志，用自己的情

① 李维红. 教育无痕 润物有声 [J]. 新课程（教师），2010（11）：177.

感激发学生的情感，用自己的智慧启迪学生的智慧。不教之教是人师教学的最高境界。不是教书本里的知识，而是教书本里没有的人生智慧，这是不教之教的主要内容。人生智慧是一种有美感体验的豁然洞见，是一种心灵的彻悟。人生智慧和事实知识相比，前者属于"软性"的，后者属于"硬性"的，人生智慧无法通过"手把手"、耳提面命、言传口授教出来。返璞归真是不教之教的最大特点，它没有明确的教学环节和教育组织，它无法详细给出一种大家都能模仿的普遍模式。笔者认为，我们可以通过以下几种方式来进行和实现教师审美素质对学生的化育。

（一）以身作则

通常，在学生心目中，教师是最完美的偶像，人师本身就是一部活的教科书。人师榜样拥有巨大的教育力量。学生能具体地、形象地、直观地感受这种教育力量，在耳濡目染中，学生逐渐得到熏陶。教师的素质就是他的"身"和"则"，即以身作则。孔子说，"其身正，不令而行，其身不正，虽令不从"，即深刻说明了这个道理。因此，确保教育有效性的关键是教师的以身作则。

教师以身作则的必然性由教师素质的客观性决定，它是存在的事实。教师不管以什么要求学生，怎样要求，教什么，如何教，都无法将主体自我的素质同它们分隔开。教师的素质作为教师施教活动的有机组成部分存在着，是示范性的，发挥着示范作用。教师言教与身教统一，言行一致，对学生的影响就会一致、统一，相反，展示给学生的"榜样"是扭曲的，不统一的。

因为师为人之模范的道理，所以，教师被称为太阳底下最高尚的职业。一位班主任在总结他的教育经验时指出，教师的以身作则是教育深刻的影响，懂得爱学生是教育的全部奥秘。教师在培养学生审美素养的过程中往往绞尽脑汁、煞费苦心地向学生展示良好的审美素质，以期学生见贤思齐，效仿榜样。

以身作则的教师都懂得自尊自爱。其实人人都有言行是否一致的品德问题，君子以"言过其行"为耻，以"行不言之教"为高，"桃李不言，下自成蹊"说的就是这种品德。品德行为固然会为他人谋利益，而品德行为主体却同时获得自我人格的提升，教师的社会角色使他占有了这样的主观条件。人们对教师的严格审视同时也是对高尚的期待，这正是为人师者提升自我素质的土壤。我们就此可以认为，教师如果不能以身作则为学生树立楷模，是不自尊自爱的自我贬弃的行为；而以身作则，会满足教师主体的人格需要，是主体道德价值的需要。以身作则的教师是自我实现的教师。如果我们不再只是以奉献来论教师，就不难发现，教师在事事处处为学生建树榜样时，会给自己拓展出怎样的主体发展空间。在这个空间里，教师不仅要有修养高尚的道德，还要孜孜不倦地钻研学问，而且，他比任何其他社会职业劳动者都要更敏感地紧跟社会文化科技发展的形势，接受继续教育、坚持终身学习。这不仅是为了他人，为了社会责任，同时也是教师主体自我的尊严感受所必需的，是自我实现的需要。

（二）交流对话

若想真正发挥教育的作用，就要走进学生内心，而不是建立在训诫和惩罚的基础上。教育是心灵的艺术，存在于教师与学生心灵的最深处。学习应该是学生自己主动建构知识意义的过程，而不是教师向学生传递知识信息，学生被动吸收的过程。学生对知识的理解和掌握情况，教师可以利用有效的课堂提问，在交流中了解，依据课堂实际情况，辅助学生，提出问题，使学生之间能够进行交流探讨，从而提升他们的思维能力。

但是，不能将对话简单理解为教学情况的及时反馈或教学信息的双向交流，它还有其他的存在价值与意义，有着更深层次的内容。对话本身的发展就应带动师生双方精神的发展，是一个意义生成的过程。情感、意义、真理、思想等潜移默化的过程就是对话的过程，是一个人的精神发展改变的过程。教师应创设"共享式"对话情境教学——面对美味食物，师生共同进餐，一道品尝；而且一边吃一边聊各自的感受，共同分享大快朵颐的乐趣。在共享的过程中，教师当然会以自己的行为感染带动学生，但更多的是在和学生平等地享用的同时又平等地交流，他不强迫学生和自己保持同一口味，允许学生对各种佳肴做出自己的评价。教师要让对话发挥更有效的作用，我们要轻结论，重对话的过程，面对各不相同的感悟、理解，教师不必强行统一，要鼓励学生通过对话，继续深入进行探究。我们不必拘泥于原来设定的程式，教师应不惜为卓有成效的对话付出大量的教学时间，虽然通过对话也可能得不出什么结论，但却换来了学生心态的开放、主体的凸现、个性的张扬、创造性的释放，这才是全新的"对话"。

"共享式"对话需要满足以下三个条件：第一，宽松的对话氛围的创设。教师和学生的关系是平等的关系，要以参与者的身份与学生进行平等对话。教师要善于换位思考，克制住自己以上级、父兄、引路人、教育者的个人中心主义的想法和做法，与学生将心比心，打成一片，并为学生着想。第二，

教师要引导学生积极对话，善于把握思维碰撞的瞬间。教师在学生处于积极思维状态时，应进行适当的引导，以端正思维的方向，从而帮助学生打开知识的大门，达到举一反三的目的。第三，教师要注重对话过程中的思考。有效的对话强调为学生搭设思维的跳板，强调着眼于学生的"思"，应具有建构意义，以让他们跳跃到更高、更远的层面。如此，课堂中的轻与重、动与静、缓与急、疏与密、教与学的相互关系才能更好地体现出来，课堂才能多元呈现，抑扬有致、波澜迭起。

总之，与学生的交流对话，既是师生之间相互了解的过程，也是教师自身素养向学生传递的过程，这些都需要教师具备良好的审美素养，这样，教师在与学生的交流中才能更好地促进学生审美素养的构建。

第三节　教师审美素质提升的策略

一、更新教师审美教育理念

现代化社会是一个创新性的社会，需要富有创造力的人才。创造力的培养需要艺术精神的熏陶，而不是仅限于专业知识的教育，两者相结合才能促进现代人的健康发展。审美教育的熏陶作用因传统教育对知识技术的关注而被忽略，阻碍了人们对美的追求，使得大学生创造潜能被单一的思想所限制。时代对教育的要求是加强审美教育，将艺术与科学完美结合。我们要认识到美育对社会风气拥有的导向作用，美育是人在全面发展过程中拥有的内在力量，在未来高校中，教师必须转变教育观念，同时，美育观念也要顺应时代变化。

（一）重申全面发展的教育理念

全面发展的教育理念在教育理念中表现在德、智、体、美、劳五大方面，并发挥着重要作用。"五育"每一方面都有其独立性，是既相互联系又相互区别的，我们的教育目标是协调五大方面，并非突出某一个方面。

教师要秉着全面发展的教育理念，以自身的德、才、学、识影响学生，引导学生，传播知识，加强情感教育，以情感人，以美感人，这样才能达到教育有理想、品格高尚、追求美的接班人的目标。课堂教学是包括美育在内的教育活动开展的主要阵地，教师以自身对美的理解与追求感染学生，在这一过程中，教师不但可以使学生的审美观得到健康发展，成长为未来社会优秀的人才，也可以使自己的审美追求得到实现。除此之外，课外活动更是变理论为实践的有效途径。在活动中，学生手脑并用，自然发展了自身的体育、劳育，这些行动又受智力、道德支配，从而发展了智育、德育。而这些教育的开展旨在塑造完美的人，一个懂得追求美的人才是全面发展的人的终极目标。因此，更新教育观念，协调五大教育发展，是教育活动开展要解决的首要问题。

（二）突出个性发展的理念

勇于追求自我个性的发展是青年学生最突出的心理特征表现，个性是创造潜能的外在表现形式，因此，教育的重点是正确引导学生的个性发展。个性的自由发展是人的全面发展最突出和强调的。高校教育工作者，最重要的是加大高校素质教育的力度，培养学生积极的个性，引导学生向着积极健康的道路发展。美育在这一方面的教育上发挥着极其重要和特殊的作用。

美育不是枯燥的理论说教，而是一种情感教育；美育是师生与美好生活事物的情感交流，而不仅是教育方式，因此注定以人为本。重视人个性的发展，其实就是重视人在发展中的主体性地位。学习科学知识和发展自我个性是青年学生在成长过程中从事的两种职业活动，前者深刻认识世界发展的本质规律，后者寻求自身兴趣志向的实现。前者是后者的基础，后者是前者的推动力。在当前素质教育推行的时代潮流中，如完美人生的计划和实践、对美善情感的追求、对美妙艺术作品的欣赏、对美好生活的向往等学生积极的个性心理，我们要更好地应用美育的教学手段去培养。学生非智力因素的发挥，在这个过程中非常重要。我们面对的不是学习机器，而是活泼、激情、朝气的青年大学生。若想抓住素质教育的根本，教师必须把握住这一点，帮助每一位学生走好人生关键的一步，溯本求源才能制定适宜的培养方案，才能让学生赞美生活，热爱生活，做一个积极乐观的 21 世纪的大学生。

（三）深化着眼未来的观念

青年一代是未来世界的主人公。既是教育工作者需要思考的重点难题，也是青年人当前应把握的重点，在这个富有生机与活力的现代化世界中，青年学生该以何种知识结构、精神面貌去面对未来世界激烈的竞争。因此，我们进行教育活动的前提是"着眼青年人自身的发展""着眼未来"。

随着科学技术的飞速发展，教育发展既存在着机遇，也存在着挑战。信息技术的应用是教育与现代高科技之间最为密切的关系。信息技术为教育资源的共享做出了重大贡献，也为经济发展提供了最大的便捷。在未来的教育中，实现教师与教师、学生与学生、学生与教师、学生与教育资源间的互动，必须依靠信息技术。这种互动是学习经验、教育方法的交流，也是资源的共享。图书馆是现代高效信息技术应用最广泛的地方。众多高校为了满足学生对知识技术的更深、更广的需求，建立了高校图书馆互联网共享。此外，一些高校将本校精品课程做成课件，发布到互联网以供有需要的学生学习。对美育而言，未来高科技的发展为其提供了无限机遇。物质生活因高科技的到来而获得飞速发展，同样，高科技的发展也需要适应发展的新型人才，即全面发展的人才。对21世纪人才的培养而言，美育将成为促进人才全面发展不可缺少的一门重点学科，我们要抓紧情感教育的大旗，这样才能从内心深处、灵魂根部教育有道德、有理想的青年。

二、丰富教师能力结构

人们对学科专业教师的能力结构要求，在以往仅仅局限于本学科的教学实施能力、良好的心理结构、系统的学科知识结构等方面。教师将本学科的教学和知识结构作为全部的工作内容，将自己局限在非常狭小的圈子中。学科间的界限被新一轮课程改革打破了，我们强调学科间的整合和课程的融合，倡导整合课程实施理念，使课程要素之间形成有机结构和联系。我们需要打破固有的狭隘的教育观念，建构跨学科的知识结构，培养跨学科的教学实施能力。美育观与新课程改革主张在教育活动的全过程淡化美育的学科界限，其内在精神一脉相通，这无疑给教师的能力提出了更高的要求。所以，丰富教师的能力结构是教师审美素养提升的必要途径。

（一）强化审美意识是提高教师审美素质的前提条件

在教师审美素质结构中，其基础是审美意识，拥有强烈的审美意识是教师完善审美素质、提升审美能力、丰富审美知识的前提条件。我们要不断强化教育理论工作者和教育行政部门领导的审美意识，让他们认识到审美素质的重要地位。因为教育理论工作者和教育行政部门领导对教师素质的要求和教师队伍的建设起着导向、决策、规划作用。教师自身的审美意识也要不断强化，缺乏审美知识，会导致审美素质下降，直接影响教育教学，没有足够的能力将美的原则和宗旨贯彻到教育活动中，无法发现和发掘学科教育中所蕴含的丰富的美育因素，无法在给学生传授知识的同时，增加学生的学习兴趣，让学生体验美的感受，最终也将影响教学效果，这一点教师一定要清楚。

（二）强化审美实践是提高教师审美素质的根本途径

1.教师自身的审美实践活动

教师从事审美的具体活动即审美实践，教师的审美创造力和想象力，通过审美实践可以得到启迪和激发，教师可以直观自身的审美素质，也可以运用这种审美创造力开展学科教学。审美创造和审美欣赏是教师自身的审美实践活动的两个方面。教师从中学会了领悟和体验，并获得了深层次的心灵陶冶和审美情趣；并在其中展现自身的成功和才华，获得自我肯定、满足的喜悦，从而提升审美能力，使审美水平进入更高层次。因此，教师应该积极创造审美实践活动。审美创造在丰富的审美经验的基础上进行，如欣赏优秀艺术作品的艺术美，阅读经典的艺术史教程，参观美术馆、博物馆的自然美，去名胜古迹游览等，积累大量审美经验，实现提升审美趣味。只有听听《春江花月夜》《蓝色多瑙河》的音乐，读读鲁迅、巴尔扎克的著作，看看徐悲鸿、罗丹的画册等才能以自身的审美修养去开发学生智慧的心灵。

应该注意的是，由于当前审美取向和审美趣味的多元化，以及大众文化给审美活动带来的巨大冲击，教师应该树立积极的审美价值观，敏锐地感知日常生活中的无孔不入、无处不渗透的这样一些审美现象，并做出正确的审美判断。此外，教师还应该了解当代社会不断更新的审美信息和各种审美形态的特点，以便于使美育内容具有更为深厚的生活基础和广阔的时代背景。同时，教师作为教育者，还应广泛关注学生的审美对象，充分了解学生的审美取向和审美内容，包括他们在家庭和社会感知的那些内容。教师应以自己的审美知识与修养，判识它们的审美价值。对其中具有审美价值的，选取并建设使之完美，使之易于引起学生的审美注意与感知，激发学生的情感体验；对那些审美价值不高乃至低劣的，则应以适当的方法引导学生自觉疏离或摒弃。

2.在教育教学中贯穿审美实践活动

人，不仅作为静态审美中的审美主体参与审美活动，而且作为动态审美活动中发展着的、创造着的人被关注。教师要提高审美能力，贯彻实施大美育，就不能仅仅满足于生活中对自然美、艺术美等的关注，还应该在教育教学过程中实施审美实践活动，在学科教学中进行审美实践，把审美实践活动

与学科教学、教育活动联系起来，在提高审美操作能力的同时提高自身的审美素质。

（三）营造良好的美育氛围是提高教师审美素质的重要保证

良好的美育氛围，不仅能为具备审美素质的教师提供实施才华的舞台，同时也可以激发教师潜在审美素质的发挥。优美的校园环境，融洽的人文氛围，以及由此折射出来的校风、教风、学风等，对教师审美素质的提高所起的作用是难以估量的。良好的美育氛围，不仅是美育观主张把美育落实到教育活动全过程的一个体现，也能在很大程度上促进美育观的实施，推动教师审美素质的提升。

三、加强对教师的培训

（一）参加培训研讨，提高对审美的认识

与时俱进是审美教育的命题，无论是审美教育理论，还是审美教育思想，无论是审美教育内容，还是审美教育方法，都应该也必然要应和着时代发展的步伐，方能彰显生命力和活力。而这一切，审美教育工作者是关键。作为审美教育的主导者，教育者要充分利用一切条件，积极参加相关培训和研讨会。这对弥补美学知识，提高美学、文艺理论、艺术、审美教育等方面的理论素养、学识水平、教育能力，以及推进审美教育可以起到积极作用。培训研讨可以加深对审美内涵、特征、地位、功能的认识，以及对社会主义精神文明、对人的全面发展重要作用等问题的理解；可以围绕当今世界的科教发展，结合东西方文化交流的语境，明确审美的课题和所面临的任务，在与专家学者的交流、探讨中达成共识。审美教育的理论与实践，应当与时俱进，应尽快走出脱离现实的抽象思辨、理论说教的窠臼，从而实现必要的审美转向，将审美作为理论与实践的前沿课题，加以研究突破。我们既要继承中国古代的审美传统，又要借鉴现代西方审美教育教学的新思想，吸收其精华，构建我国审美教育的理论体系。

（二）加强知识学习，提升鉴赏水平

通常审美主体的知识水平和审美能力的高低成正比。有知识的人可以更敏锐地感受美、发现美，进而借助于情感和想象实现对美的理解。否则无法深刻、准确地理解对象的美，以及拥有高雅的审美情趣。因此，我们若要将

良好的审美情趣培养出来，必须通过学习，提升对美的理解和解读能力。

　　审美素质的发展因素有很多，在知识学习方面需要注意的是，第一，学习美学知识。美的类型、形式、内容、特征、本质等，通过学习美学理论，准确把握美与真、善，美与社会实践，美与人的本质的关系。在学习过程中，我们要将自己的审美实践与马克思主义的美学理论结合起来，正确掌握审美评价的方法和基本原则，根据美的规律创造美、欣赏美、理解美、发现美，不断持续提升自身的审美能力。第二，学习有关审美对象的专门知识。审美在客观上要求审美主体掌握关于审美对象的丰富知识，是一种高级的精神活动。了解艺术反映和产生的社会背景，了解特定艺术的表现方法和特点才能解释艺术美；了解社会发展和活动的基本规律，才能理解社会美；了解自然美的特点和内涵，才能领会自然美。不然，我们无法充分认识美的价值，更何谈分享给他人美感。

　　总而言之，作为新时代的高校教师，要勇于迎接考验，要努力成为优秀的审美教育工作者，要坚信努力与付出，这样，离"长风破浪会有时，直挂云帆济沧海"的成功，一定为时不远。

第三章　高校审美教育中的教师分析

第四章

高校审美教育中学生审美素养的培育

第一节　高校学生审美能力的培养

审美能力，是指在审美活动中，个体对审美对象的感知力和理解力，以及在此基础上产生的审美创造力等。简言之，审美能力就是个体审美地把握世界的能力。个体的审美能力是有差异的，但审美教育可以使人的审美能力得到提高。审美教育对个体审美能力的提高，主要指审美教育能提高人敏锐地发现美的能力、感受美的能力和心灵美的理解力。审美教育是通过美的形象去感染人，激发人的情感活动，强烈的情感活动形成巨大的动力，推动人去积极想象和思考，进而以情感的方式去体验和认识世界，积累审美经验，以提高对美的敏锐的感知能力。在前文中，笔者对审美能力做了初步的解读，在本节中，我们将结合高校学生审美能力的培养做更为系统的论述。

一、审美感受力的培养

（一）审美感受力的结构

审美感受力是审美知觉、想象、感觉等多种能力因素的综合。每一种审美感受的因素，在审美感受力的感知结构中，都发挥着特殊的作用。对审美感受的整体活动而言，它们是有机存在于统一的审美感受过程中的，而不是孤立存在的。

1. 审美感觉力

对客观的美的事物的个别属性，人们通过感觉器官予以把握的能力即审美感觉力。手、舌头、鼻子、耳朵、眼睛等都属于人的感觉器官，对美的不同属性的反应产生了触觉、味觉、听觉、视觉等能力。在把握不同的审美事物时，审美感觉带有更为持久和愉悦的特征。

2. 审美想象力

审美想象力是一种在知觉基础上由情感推动而展开的更深层的感受活动能力。它是主体感觉到的材料，在心理经验和情感的糅合渗透中，产生了一些新的感觉和体验，从而促成心理想象的尽情畅游。所以，审美想象力属于审美感受的高级能力。审美想象力按其内容的特性，又可分为再造性想象力

和创造性想象力两种。再造性想象力以头脑中重现客观事物占优势；创造性想象力则以主体调动经验积累，对不同的审美因素材料重新组合排列，创造出原来并不存在的美的形象占优势。审美想象力的创造性程序标志着审美感受力的积极能动程度，必须经过长期培养才能达到相当的水平。

3. 审美领悟力

审美领悟力是指渗透在审美感知觉和想象过程中的一种直觉性理解能力。一朵菊花、一弯月亮，人们往往在对它们的形状、色彩、空间位置和其他属性、条件感知的同时，也激发起内心构造性的综合性想象，从而对菊花、月亮产生某种形式和内容的理解，这就是审美领悟。在审美领悟中，对形式美的高度感觉和对内在意蕴的独特发现是统一的。特别是在感受艺术作品时，对审美主体领悟能力的要求还要高些。例如，欣赏毕加索的立体画，不但要直觉到画面的形式、构图，而且要穿过构图形式达到某种意义的领悟。只有当一个人具备了高度的审美领悟能力，才能说他的审美感受力是全面而深刻的。

（二）审美感受力培养的方法

1. 通过自然美的化育培养审美感受力

审美感受力的培育与提高，多来源于对大自然审美观照与体验的经验积累。大自然是最好的美育教师。每当我们投入大自然的怀抱，眼望满山翠绿、云海雾涛，眼睛会格外明亮起来，我们对一切色彩格外敏感，对大自然鬼斧神工般的美感慨不已。自然美的熏陶，可使人的视觉、听觉，甚至包括味觉、触觉更加敏感。历史上许多伟大的艺术家、科学家，如李白、杜甫、徐霞客、普希金、罗蒙诺索夫、达尔文等，无不对大自然的美酷爱异常。特别是在童年、青少年时期，大自然所产生的美感化育效果更为强烈持久。因此，无论学校、家庭、社会，作为审美教育的主体，都应该努力创造机会来引导受育对象去观察、欣赏美的自然现象，培养和提高他们的审美感受、审美想象等感受能力。

2. 通过生活美、现实美的化育培养审美感受力

生活美、现实美是围绕着人的劳动和生活所展开的灿烂多姿的美。人生活在社会中，就必然会感受到生活美和现实美。但能否真正自觉地去感觉和把握健康向上的生活美，在具体不同的人身上却很难说。一般来说，凡是思

想健康、热爱生活、热爱劳动的人，就越能够感受到生活中的美，并受到感染，使自己的情感得到陶冶和升华。

生活美、现实美的表现领域十分宽广，从优美宜人的社会环境，到造型绝妙、风姿万千的生活产品；从高尚纯洁的品德情操，到惊心动魄、气壮山河的民族精神、英勇行为，无不渗透并表现着生活美和现实美。生活美、现实美是生活和现实中那些表现出进步的理想和崇高的精神力量的人与事。古人云："近朱者赤，近墨者黑。"经常感受美的人和事，自然会提高符合社会理想与价值需求的审美能力。因此，对生活美的感受可以促进审美感知、审美想象、审美领悟等各种能力的提高。一般来讲，生活美具有鲜明的社会性、时代性。但由于现实生活本身是美丑并存的，对于不具备健康的审美意识、审美情操和一定审美能力的人来说，就不一定能够辨别清楚。因此，通过生活美、现实美教育人、提高人，对高校审美教育来说，还是非常艰巨的一个任务。

3.通过艺术美的化育培养审美感受力

艺术美是自然美、现实美的集中和典型化。通过文学、音乐、美术、戏剧等艺术形态的美的化育，可以培养对美更为深刻的感受能力。由于艺术美是人的观念、精神的创造性体现，比之自然美、现实美，在感受方式上，相对而言要更直接、更含蓄、更深刻一些。无论是对感受对象其他因素（品德、情操、兴趣等）了解得是多是少，都很难把这个人抛开来且上升到某种普遍的、本质的意义领悟上来。但在艺术品的感受中却可以做到，通过诗歌中对大自然风光的描写，欣赏者可越过语词层面领略其内在的神韵，并与自己想象中的山山水水进行融合，唤起对最美的山水风光的赞美。

艺术教育对审美感受力的培养，还突出表现在它以自身的形式、结构等，唤起接受者对艺术感性形式的敏感和热情上。看齐白石的画，会对那虚实相应的构图、趣味无尽的笔墨本身产生强烈的向往；听小提琴独奏，会对那优美而富有情绪感染力的旋律与音质所迷醉。这时，对艺术形式的审美感受就成为审美主体强烈的精神需求。正如德国著名学者恩斯特·卡西尔所说："艺术的情感是创造性情感。它是那种我们生活在形式的生命中而感受到的情感。任何形式不仅具有一种静态的存在，而且还具有它本身的动态的力量……在艺术中，不仅我们感觉体验的视野拓展了，而且，我们对现实的视角和眼界也改变了。"[1]

---

① 赵建军.论审美感受力及其美育实施途径 [J].青海师专学报，1999（1）：41-44.

二、审美想象能力的培养

审美想象力是一种自由把握和创造新形式的能力。想象是形象的，也是自由的，它可以思接千载、视通万里，不受现实的制约，不受时间和空间的限制，这种超出现实、跨越时空的审美想象，对激活人的创造潜力，有着不可低估的重要作用。审美活动从来就不是消极的接受，而是一种积极的创造，因为每一次审美欣赏都会使人产生各种各样的联想和想象，都会有意外的惊喜和新的发现。这种带有主观色彩的审美欣赏，表现为对作品形象的补充或再创造，每个人的经验、印象、修养和积累的知识不同，再创造的形式、手段与风格亦不尽相同，这就为发掘、补充和丰富作品的深刻内涵增色添香。因此，在审美教育过程中注重想象力的培养，具有特殊的意义。

（一）积累审美经验信息

在教学中，我们可以让接受审美教育者多参与艺术活动，在艺术活动中积累审美经验，从而促进想象力的提高。艺术是为了引起欣赏者的共鸣，有共鸣则有联想，有联想则有想象的翱翔，有想象的翱翔则能扩大境界。共鸣和联想需要"材料"。人脑储存的审美信息越多，人的记忆库中审美表象越多，人所积累的经验越多，人发挥出想象力的可能性就越大。这个道理也容易理解，如果大脑空空如也、一贫如洗，想象活动就缺少了基本原材料（当然，潜意识也是想象产生的某种材料）。大脑中记忆的表象越多，表象越具有不稳定性，其分解与重组的方式就多，产生新意象的机会也就越多。因此，积累丰富的各种艺术经验，多方面参与各种审美活动，以主动态度深入细致地关注生活、关注社会和关注自然，充分体味人生情趣，这些都对加强审美想象力有益。

同时，我们还须注意到，各种门类的艺术审美活动所提供的经验信息激发出的审美想象力又具有不同的形态特点。例如，聆听音乐和观赏绘画，以及阅读文学作品，这三种艺术欣赏活动虽然都可以获得美的享受，但其想象活动却有区别。绘画由于用颜料、线条等描绘出有形之象，刺激人的视觉，促使其审美信息进入大脑，因此观赏绘画时，人的想象力同眼前的画作总有密切的关系，由此形成生动的联想而进入画中境界。中国宋代画家郭熙提出画中的山水景致要让人感觉到是"可望、可行、可游、可居之所"，这种原本"不可"之事，却由画面引发为可能之感，依靠的当然是观画者的想象力。

欣赏音乐时，对象已经不是视觉可以捕捉的有形之象，而是音响信息刺激，由于此时无"形"可把握，因而想象力更为活跃。音乐听众一般分为两类：一类听众有较丰富的音乐审美经验积累和对音乐技巧法则的理解。相应地，这类人在听乐曲时，想象力在纵深方向加强着对作品内涵的深刻品味，他们的想象丰富但不至于与乐曲游离过远。第二类人并不具备必要的审美音乐经验和训练，他们往往根据自己的直观感受做海阔天空般的想象，故而想象可谓无所拘束，甚至漫无边际，虽然也产生情绪上的快乐，深度却往往不够。

语言文字构成的文学作品，在欣赏时既无绘画那般直接感性的视觉形象，也无音乐那种直接感性的听觉感受。文学作品直接呈现的只是一系列的语言符号代码，读者须调动自己对语符的认识体会，调动相应的生活经验，再加上与语符相联系的情感体验，去展开想象。因此，欣赏文学作品时的想象活动有种"转化"机制，须将语符转化为具体的感性材料和感性经验。在想象过程中，语符并不消失，但同时注入了生动的与语符相应的感性材料，相伴共生为文学形象与人生经验。这构成了文学作品审美想象力的基本特征。

（二）激发审美情感体验

想象力创造性得以实现的深层动因，是人的情感活动。人如果没有进入某种特定的情感状态，那么现实的对象就难以满足他的需求。例如，一支钢笔就是钢笔本身，一本诗集仅是诗集本身，但是，如果这支钢笔相伴你已有多年时间，你对它已经有了感情，从而称它为"朋友"；那本诗集经你阅读后，发现里面的诗歌特别能传达你的心声，于是你称这诗集为"知音"。严格地说，视笔为朋友，呼诗集为知音，这当中已发生了微妙的想象因素。究其原因，当你与笔、诗集产生了特殊感情时，就已经不满足于笔和诗集的客观实际存在，你觉得那笔和诗集的存在不足以承负你对它们的情感，于是你超越这实在对象而做出想象，即称它们为"朋友""知音"，不如此则难以了却那份情缘。有学者将想象中情感的这种动力作用称为"凝聚—转移—凝聚"的双重周期作用。事实上，生活经验也告诉我们，情感丰富的人通常想象力也丰富。通过审美教育激发培养感情进而培养想象力，是提高审美想象力的重要途径。

在审美教育过程中，想象力与情感培育实为"双向"培育。想象力与情感互相激励，情感的浓烈与丰富，本身会激发人的想象力，因而主体情感勃发之际，也就是主体对眼前实际存在感到失望之际。在审美活动中，这种失

望与不满足使主体在精神上超越眼前的实在而进入想象境界。我国古代美学家早就揭示出这一奥秘。刘勰在《文心雕龙·神思》中，把情感和想象的关系，概括为"神与物游"。艺术主体的思想情感始终伴随着想象，审美想象中有强烈的情感活动。当审美主体的情感在胸中激荡时，这种情感就像东风一样把想象的风帆鼓动起来，文思如泉涌，情感在艺术创作中就成了一个能量加油站。在审美想象中，当一种情感产生后，它可以以激情、冲动、心境等状态形成一种巨大的冲击力，带动众多记忆表象，使想象具有大量生活原材料而显得丰富活跃。当审美想象的内容复杂或者受阻而需要能量补充时，情感又能调动思维的、意志的动力来协作，以克服审美想象遇到的困难，从而使活动顺利进行。

此外，审美想象力的充分活跃，反过来又很容易激发人的情感。想象之所以成为审美创造的强大动力，还在于想象过程中能不断激发情感能量，保持和推进审美过程中需要的那种后续力量。这和审美教育活动中主体具有的反馈机制有关，审美想象所唤起的经验材料十分丰富，包括意识的和潜意识的，既有知觉记忆表象，更有情感体验表象。它们即使审美主体有身临其境的感受，又往往使主体产生新的情感体验，将它们作为动力不断增强创造力。

（三）训练理性类比能力

审美想象力虽然表面上直接呈现为感性情感能力，但要想通过审美教育增强这种能力，则不能不提到影响该能力的深层次的理性因素。所谓"深层次的理性因素"就是指人脑具有的理智的"通过类比进行思维"的能力。理性类比，可以视为某种逻辑能力。在类比想象过程中，心理所把握的是至少两个对象之间的某种相似模式，这种对"相似性"或"类似性"的高度敏感，是想象力的一个重要因素。当鲁迅在小说《故乡》中说"希望本无所谓有，无所谓无"时，接下来的句子是"这正如地上的路，其实地上本没有路，走的人多了，也便成了路"。一般来说，"路"与"希望"难有直观类似之处，但在艺术家想象力活跃之际，却创造性地于希望与路的"有"和"无"上面找到了类似性。这里显然有理性的抽象类比。这是提醒人们，想象力提高有一条理性的途径，并非只是感性一途。多学习科学知识，多在哲理层面上做理性思考，厘清事物之间的分类关系，同时又不拘泥于此分类而看出相互间的可类比性和类似性，则有益于审美想象力的提高。其实，艺术与审美活动中频频出现的比喻、隐喻、象征、移情等，莫不与类似性的联想相关。

在审美教育过程中重视理性类比能力培育的问题，无论在审美教育理论中还是在实践中常常被忽略。我们认为，审美想象力培育正是将审美活动中深层次的理性因素和直接呈现的感性因素融为一体的最典型的过程。事实上，在张扬理性启蒙基础上兴起的欧洲 18 世纪浪漫主义文艺思潮一直将理性精神和情感想象称为审美的内在驱动力。艺术的想象，驱使艺术创作主体去试图用美的理想去取代那不足的真实。歌德创作《浮士德》，我国古代诗人屈原创作《离骚》，陶渊明创作《桃花源记》式的"乌托邦"王国，都可以看作他们企求从深切的理性批判和浓烈想象中解脱生命的压抑感，实现美的追求的努力。

三、审美情感的培养

（一）审美情感的产生

人的情感是一个内容异常丰富而又错综复杂的心理现象，是心灵中的不确定的模糊隐约的部分。由于对它难于做定量的把握，人们往往视之为玄奥神秘，尤其是在艺术审美这一宽广的领域里，更是高深莫测，难以言传。

当人类从原始动物界超拔出来而进入文明社会以后，人的情感就带上了社会文明的烙印而成为人们独具的自由的本质力量。正如马克思所指出的，"激情、热情是人强烈追求自己的对象的本质力"[①]。从此，人的情感活动就不同于一般动物的情绪活动，它积淀着社会的、伦理的、文化的、艺术的内容。一方面，它是自然的、感性的；另一方面，它又是社会的、理性的，是自然性与社会性的统一，感性与理性的统一。

审美创作活动是一个"创造—作品—审美"的双向运动过程。情感在审美创作过程中，在物化的审美作品中，在审美接受过程中，有着不同的作用。在审美创作活动中，情感是审美创作主体创作的动力。审美创作主体在进入创作之前，广泛深入地体验着生活，在他们"印象的仓库"里积满了生活素材，但这时并不能直接转入创作。只有经过审美创作主体心灵对这些素材的汲取、选择、酝酿、提炼、升华并长久地放在心中玩味，建立起亲密的关系以后，才有可能在一次偶然的机会中，深深地触动灵魂，产生第一次灵感，形成强烈的创作欲望，从而变成审美创作主体心中的一股激情、一团火焰，使内心平静的湖面动荡不定，骚动不安。似大海波涛，汹涌澎湃。心灵

① 糜海波."三个塑造"：立德树人的价值诉求 [J]. 理论导刊，2019（5）：67-71.

的不平静终究要归于和谐，于是，审美创作主体进入了创作过程。在这里，若没有情感的波动，就不会有审美的创造。审美创作主体的创作过程，本质上是审美创作主体审美情感的物化过程。审美创作主体在进入创作实践后，仍要不断地进行情感体验，并将这种体验凝结在审美形象中，情感是作品的核心，是作品的生命，缺乏情感的作品是枯燥苍白的作品，犹如脱离了人体的手毫无血色。在审美作品中，情感的色调越是丰富，形象或意象就越是生动；情感的天地越是广阔，形象或意象就越是鲜明。

（二）审美情感形成的途径

审美情感的形成主要通过两个途径，一是日常情感的升华，二是审美经验中审美情感的积淀，但根本来源是日常情感的升华。日常情感的升华是指在日常生活中否定性情感和肯定性情感的积淀、升华。否定性情感是对日常生活中否定性生活产生的一种情感，经过时间的酝酿和对产生否定性情绪的困境的克服，这种否定性情感逐渐升华成为一种审美情感，积淀在人们的大脑中，就像一棵大树随着时间的流逝逐渐长大，逐渐成熟丰富，其审美性也在逐渐突出。在日常情感中的肯定性情绪，是伴随着人们的肯定性生活体验而产生的，其中一部分就是审美情感，另外一部分肯定性情感，其性质接近于审美情感，但不是纯粹的审美情感，它带有很多自然情绪在其中，一旦它积累在人们的大脑中，就逐渐纯化为一种纯粹的审美情感。审美体验中审美情感的积累，主要是指审美作品欣赏和创作中审美情感的积累。由于欣赏审美作品是二度体验，审美作品引发的基本上是一种肯定性的审美情感，这种审美情感经过二度体验，积累在人们的头脑中，成为下一次审美体验的基础。

自然美的欣赏是一种远离了人类欲望的高级审美活动，人们从对自然美的体验中所激发出的审美情感往往发自潜意识的深处。艺术作品的审美体验有两种类型：一种是共鸣性的体验，一种是投射性的体验。共鸣性的体验，是由于作品所描述的生活和读者的生活有相同或相似之处，读者在欣赏艺术作品时形成的一种感情共鸣的情感体验。这种体验所产生的审美情感，读者和作者是类似的，这种体验能够真切认识作品的意义，可以比较完整、准确地理解作品的真谛。投射性的体验，是由于作者所描写的生活和读者的生活有部分相关之处，读者在欣赏作品时，把自己的情感投射到艺术作品中去，从而形成一种不同于作者的新的情感体验。这两种类型的情感体验所产生的审美情感和日常情感的升华，是后天审美情感形成的主要方式。

四、审美鉴赏能力的培养

审美鉴赏力是一种重要的审美能力。与其他的审美能力相比，审美鉴赏力具有更强的积极主动性，并且渗入思维过程的理性因素也更明确一些。这表明对审美鉴赏力的培养也相应地更为细腻和复杂些。因而从本质上讲，对人的审美鉴赏力进行审美教育，就不单单是对某一项个别能力的审美教育，也是对人自身人格的审美教育，即当自身在鉴赏某对象或客体世界进入审美鉴赏活动或行为时，也实现着对自身人格境界的观照和审美。

（一）审美鉴赏力的性质

1. 审美鉴赏力是一种审美认知能力

所谓审美认知，是说审美主体依据其审美观念、审美经验从审美对象的形象、形式等感性特征入手形成的对美的认识与理解。它区别于一般认知活动的根本地方，在于不是为了把握概念而舍弃对象的现象，或者将抽象的概念与感性的对象相统一进行分析解释，是在有审美意识与审美理解的作用下，根据对象所呈现的外观、形式等对对象的美与丑进行判断。因此，一方面，审美认知是感觉的"理论化"，是主体经验水平的"整体提升"。这样，相对于形态万千、奥秘无穷的美，审美主体可以通过丰富具体的"鉴赏"凸显对美的认知和体验。另一方面，美的世界的丰富多彩，刺激和完善着对美的"鉴赏"，使审美的理解水平进入更高层次。

2. 审美鉴赏力是一种审美享受能力

所谓审美享受，是指能使精神获得自由、超脱的愉悦的状态。当审美主体在鉴赏审美对象时，他的感知、情感、想象、理解等诸多心理因素被调动起来，协调作用于美的对象的内容与形式，从中获得十分畅快、愉悦的精神感受，这就是一种审美享受。如果说，审美鉴赏的作用在于通过对美的理解形成肯定、否定的审美价值评判，那么，审美欣赏则是伴随着审美理解在心理上同时出现或悲或泣、或忧或喜的情感体验。

审美鉴赏所获得的情感享受主要来自两种类型的审美体验。康德说："审美的判断，作为鉴赏的判断，不仅联系到优美，而且作为从高级精神的

情感里发生的，也联系到壮美。"① 这是指由鉴赏对象的审美特质所决定的，审美主体所产生的心理享受，既有因优美的对象而引起的精神愉悦，也有因崇高的对象而引起的精神愉悦。人们对优美的对象所感到的是一种单纯、平静、和谐的心理状态，不夹杂痛楚和恐惧，如对美丽的花朵、宁静的月夜、无私的友谊、纯洁的爱情和亲子之爱等所产生的心理享受。人们对崇高的对象所感到的是夹杂着心理上的痛楚与不快，经过了心理上剧烈的震荡而最终趋于平静的心理状态。自然美、现实美和艺术美的对象特质尽管并不仅限于优美、崇高两种，如因渗透了对象的悖谬而产生幽默的、讽刺般的笑，也是一种独特的审美享受。这种审美享受由审美主体理性的顿悟而引发，所以一般也是单纯、平静而轻松的。而艺术美的特殊类型——悲剧，所激发的审美享受是接近于崇高类型的。审美主体通过这些不同质的对象，使生命深处的东西在鉴赏时得到某种释放或净化，从而精神上感到莫大的愉悦和自由。

3. 审美鉴赏力是一种审美再创造能力

审美鉴赏不是一般性的感受、一般性的理解和一般性的享受，它要自己创造出点什么，来实现一种"纯审美境界"。例如，游览泰山，从攀登十八盘的艰难，到登上南天门、逛游天街的逍遥，再到泰山极顶的观望日出、夕阳，会有许多新颖而真切的感受。同时，当游览者沉醉于眼前之美景时，他们又自然会将这类感受及由此而激发的联想、想象融入对生活、对人生的深切感悟！这也正像人们所感叹的"黄山归来不看山"，"不登峨眉山，不识天下秀"等情形一样，审美的体验、感悟必然超越眼前审美的域限，而进入新的审美经验的构筑，这时心中展现的泰山是如画如梦从未见过的。这即是审美鉴赏中创造能力的体现。

（二）审美鉴赏能力的培养

1. 积累文化和艺术知识

有史以来，一些伟大的艺术鉴赏家和社会、文化活动家，无不具备渊博的文化、艺术知识。马克思、恩格斯对西方从古希腊神话、史诗、悲剧到其后两千年左右的艺术发展史十分熟悉，因此，他们能够对大量的艺术作品

---

① 陈晓平. 对"优美""壮美"概念的澄清与拓展——从功能系统的角度审视康德的美学概念 [J]. 西部学刊，2015（8）：5-9.

发表深刻的见解。鲁迅、郭沫若都学贯中西，他们对各种各样的艺术品的鉴赏，至今仍对我们产生着深刻的影响。

2. 丰富的审美实践活动

审美实践对鉴赏能力的培养无疑是十分重要的，但这种实践应该是全面的、丰富的、生动的，而不应该是单一的、静止的、没有生命的。因为美的鉴赏，就是人生的展开和生命的解放。审美实践活动的全面，正映现了"生命与美同在"这一真理。全面丰富的审美实践，包括了人生可以触及的一切可能的领域。杜威便提倡把美感经验普泛化到生活的日常经验方面。现在的审美教育似乎对此重视不够，大多数人认为除了艺术教育，审美教育就无法实施。其实，只要"寓教于乐""寓美于象""寓意于境"，就能对审美鉴赏力的提高有实质性的帮助。因此，突破狭隘的纯艺术经验的限域，全面、完善的培养审美鉴赏力，都可使人不仅懂得美，而且懂得生活，懂得怎样鉴赏生活和创造生活。

3. 品味优秀艺术作品

如果说丰富全面的审美实践是审美鉴赏力获得全面发展的"突破口"，那么能否很好地鉴赏优秀的艺术作品，则是衡量审美鉴赏力是否获得根本提高的最重要的尺度。因为艺术品是对自然美、现实美的集中表现，是审美创作主体审美意识、审美经验获得创造性反应的结晶。优秀的艺术作品凝聚了一个时代、一个民族审美经验的精华。所以，鉴赏优秀的艺术作品，可以把你对美和艺术的理解、认知、体验水平真实地反映出来。而对美和艺术不懂或懂得少的人，是无法鉴赏优秀的艺术作品的。现在，审美教育工作还未能做到科学合理地深入学校教育之中。比如，有的学校在针对不同年龄段的学生选择适合于他们阅读的艺术作品时，往往不能做到科学合理。因此，教师必须加强对优秀艺术品的审美教育示范作用，加强对高校学生的审美鉴赏力的化育，以使高校学生的素质得到提升。

第二节　高校学生审美人格的培养

一、审美人格的内涵

（一）人格

1.人格的定义

人格的词源是拉丁文的 Persona，其本义是指面具。将面具释义为人格，包含以下两层含义：一是指面具的虚假行为及状态，二是指面具下的未外露的个人特质。而在我国古代汉语词汇中并没有"人格"一词，只有"人性""品性""品行""品格"等词。因此，有学者认为，人格一词是由日文引介过来的，源于对英文"personality"的意译。也有学者认为，"人格"一词是"人"与"格"二字的合成词，是汉语词汇而并不是外来词汇，主要包含三层意思：一是人的综合性格、气质等特征；二是特指一个人的道德品质；三是一个人作为主体的权利和义务。

2.人格的特征

除了从概念上认识人格，我们还可以从特征对其进行辨识，以全面把握人格的内涵与外延。人格的特征，可以从它与气质、性格与个性等语词的异与同上来分析。

（1）气质是人格的基础，是人格生物遗传特征的具体体现

气质是西方人格心理学研究的重要领域。从心理学的视角来看，气质是人的心理特征的外在表现，具体指的是一个人在认识、情感、语言、行动中所体现出来的心理活动的强度、速度、灵活性与指向性等，也就是说，一个人的情感体验是快，是慢，是强，是弱，是明显还是含蓄，是迟钝还是灵敏等。每个人的个体气质不同，这是先天决定的，是个体的神经系统活动的特征影响的。具体来说，气质就是在遗传生物基础上反映出的人格倾向和特点，在人格构成中属于情绪方面，在人格发展中具有基础性作用，体现了人格的生物性特征。需要指出的是，气质本身并没有优劣之分，对人的社会倾

向性也没有决定性影响，在社会道德评价上不具有指向性。一个人的气质类型不会决定他将会成长为哪种人。气质和人格不一样，气质是人格发展的先天性基础，体现的是人格的生物学特点；而在人格的形成过程中，气质和体质仅仅属于先天禀赋，在人格构成中不起决定作用，起决定性作用的是社会环境、文化教育，以及一个人具体的社会化过程。

（2）性格是人格社会性特征的表现，是人格的重要组成部分

《现代汉语词典》将性格一词解释为对人、对事的态度和行为方式上表现出来的心理特点，如英勇、刚强、粗暴、懦弱等，而对人格的解释为个体的道德品质以及人能作为权利、义务主体的资格。在现代心理学看来，性格指的是个体对现实的稳定反应和一贯的行为方式之中可以概括出的个体心理特点，属于人格特点里面和社会关系最密切的一部分，是个体道德品质的外在表现之一，也是个体世界观、人生观和价值观的外在表现。性格由后天社会环境塑造，是存在优劣之分的，它是个体道德风貌的具体表现，主要体现在个体对人、对事的态度和所采取的言行上。性格一词包含着社会道德评价的意味，是人格的核心部分，最能体现人格的社会性特征。

（3）个性是指人格的独特性一面，是具体呈现个体人格差异的组成部分

个性是指个体区别于他人的、相对稳定的、影响个体外显和内隐行为模式的心理特征的总和。个性更多的是着眼于人的独特性，并决定着个体在思想及行为上的差异性。而人格是个体心理行为模式的一个整体状态，是一种整合模式，强调个性与共性、确定性与可塑性的统一，不仅包括独特性的一面，更多的是从个体社会性的角度进行定义。两者不能完全等同，却相互交织，共同影响着个体的行为模式。

（二）审美人格

1.审美人格的含义

审美人格是美学意义上的人格，单纯从字面意义上很难阐述和理解，所以在此我们将从中西哲学的角度去探讨审美人格的含义。

（1）追求美的人生境界

王国维用"境界"来说明艺术美的最高品格，也用"境界"来表述人的精神境界。他认为，有诗人境界与常人境界两种人生境界。"境界"开始成为人生修养的最高层次的一种表示。但将"境界"范畴用于人生修养层级描述，并产生广泛深远影响的则首推冯友兰先生。冯先生将人生修养程度划分

为自然、功利、道德和天地四种境界。境界一词的内涵和外延都得到了极大的丰富。从文学领域进入日常生活领域，从对客体的认知转化为主体对生命活动真善美的一种体验状态。

人生境界是人在现实世界中对未来世界的自由创造，它也是审美人格的重要衍生物，是景与情、心与境的有机统一。审美人格境界的塑造是通达社会共有理想彼岸的桥梁，无论何人，一旦进入崭新的精神天地，不仅可以成为君子、贤人、圣人，社会也在个人境界的修炼完善中随之大同，"人"与"天"便由此达到一种完美无缺的和谐统一。同时，这种情境的有机统一表现在接受效果上又是有限与无限的统一。其中，有限的是景和物，无限的是情、思、想象和韵味。在这种无限的情思和想象中，生成的是包涵了无限韵味的意蕴，从而具有比日常生活中的普通型审美或感官型审美更有内涵、更耐人回味、更具审美价值的所在。孟子的万物皆备于我，宋明哲学的天地万物一体，朱光潜的主客统一等，这些都是从摆脱羁绊、人和天地万物同体等途径，获得人性的解放与自由。

（2）审美体验

对于审美体验，西方有人认为审美体验即"想象"，有人认为是"灵感"或"直觉"。席勒认为，古希腊人具有性格的完整性，是感性和理性的完美统一体，是具有审美人格的人，而近代人却被束缚在整体的一个孤零零的碎片上，而要恢复人的完整性就必须通过更高的艺术即审美体验来恢复人的天性的完整性。[①] 人本主义心理学家马斯洛以此为基础，开辟了一条新路径，并将其称为"高峰体验"。高峰体验这一概念是马斯洛概括和总结出来的，他认为这种体验有种种表现，有的时候是一瞬间而来的压倒一切的一种敬畏，或者是白驹过隙一样瞬间闪过的一种极度的幸福，也可能是一种令人痴迷的，犹如梦幻仙境般的极度快乐。这种体验往往令人有一种顿悟的感觉，让人们感觉自己看到了生命的真相和万事的本质。

高峰体验是具有审美人格的人可以实现的，是自我实现者的重要特征，这也是马斯洛执着于高峰体验研究的原因。此外，对于养成审美人格的人而言，高峰体验可以说是能够召唤人的感性生成的重要手段和途径，可以说是对自我实现的短暂的完成。在这一刻，人会经历欣喜和幸福。但这之后，我们还是不得不面临现实，人有着追求进步的天性，而我们最终要面对的就是

① 席勒. 席勒经典美学文论 [M]. 范大灿，等译. 北京：生活·读书·新知三联书店，2015：237.

我们自身，实实在在的"我"。一个人能够成为什么，必须成为什么，这是人不得不遵循的本性。高峰体验只是自我实现的短暂时刻，享受的是过程，而不是最后结果，我们要做的是不断进取和不断超越。

（3）美善统一

美与善的关系问题是美学的核心问题之一，自古至今，不论是中国哲学还是西方哲学，有关美与善关系的研究都非常丰富。苏格拉底是西方美学史上持美善统一说的首创者，他认为，凡是善的东西一定是美的，而恶的东西也必然是丑的。① 而以老庄为代表的先秦道家对美与善的研究也倾注了大量的心血。老庄从自然主义的美学立场出发，对自然美、艺术美、社会美和人格美进行了深入的阐释，在对美的追求中自然而然地渗透和体现着善的目的。② 陈望衡的《审美伦理学引论》结合中西哲学史和当代现实，着重论述以崇善为旨归的伦理与审美的历史亲缘性、活动方式及内涵的歧异性和统一性，大胆论证了"美学是未来的伦理学"，最后提出了"审美伦理学"这一学科建构的可能性。③ 李咏吟的《审美与道德的本源》通过探讨审美的本源、道德的本源，揭示出审美与道德两者之间本源性的联系，提出"审美道德和谐论"的主张，为建立和谐自由的现代社会提供思想依据。④ 虽然古今学者对于美与善的论述不同，但大多强调二者根源上的一致性。

综上，审美人格是实现美善统一的人格，也是美与善的良性实践互动的结果。这种良性互动具体说来就是在善良的行为中孕育美，在美好的体验中创造和培养善，体现为"以善育美、借美立善"。这种双向关系是随着人们的审美活动和艺术的产生而产生的。而人们的审美活动和艺术又是在人们饱览自然景观、历史文物、艺术欣赏、日常生活、生产劳动和社会交往的过程中形成和发展起来的。一般来说，"以善育美、借美立善"主要是通过家庭美育教化、社会美育教化和学校美育教化三个方面来实现的。也可以用具有强烈感染力的艺术形象来教育人，让他们深化对生活的认识，树立美好的理想，为他们的思想品质、道德面貌和思想感情注入优良的营养，促使他们健康地成长。这样不但能够帮助人们认识现实、认识历史，同时可以培养人们充分感受现实美和艺术美的能力，发展人们高尚的审美情感，进而培养人们的审美的比较与分析能力，激发他们对艺术的兴趣，养成他们爱美的情感，

① 朱光潜. 西方美学史（上卷）[M]. 北京：商务印书馆，2010：41.

② 陈望衡. 中国古典美学史（上）[M]. 武汉：武汉大学出版社，2007：53.

③ 陈望衡. 审美伦理学引论 [M]. 武汉：武汉大学出版社，2007：202.

④ 李咏吟. 审美与道德的本源 [M]. 上海：上海人民出版社，2006：10.

以鉴别真善美与假丑恶。美、善是审美人格必备的基本品质。真正的美是需要内涵的，其内涵即善。美是善的外观，善是美的根基、美的灵魂。二者相辅相成。审美人格作为人格的重要组成部分与最高形式，其特殊品质是形象反映主体，呈现美的境界，其内在核心就是尚"善"，表现"道德教化"。从根本上来说，审美人格是美善的集大成，其本质是人与自然的和谐、融合与统一。

2. 审美人格的特点

审美人格就是个体内在的、具有审美特征的且能够展现人的自由及完整性的本质，在个体社会化的过程中能够使个体的性格、气质、能力、需要、动机等达到美的境界，表现出和谐、创新。审美人格特征应该是人与人、人与自然、人与社会、人与自我关系的心理动机与行为方式。具体说来，审美人格的目标是美，它的态度是开放性的、超越的，在处理和对象的关系时追求一种和谐，产生的结果是美，实现了按照美的规律来塑造的创造性行为。因此，通过以上分析，我们可以总结出审美人格的一些突出特征，即和谐性、独特性、创造性、超越性。

（1）和谐性

和谐是事物内部各要素之间既存在着一定差异、矛盾、抵触，又具有协调共生、有序发展，共同推动事物不断前进的一种状态。和谐性在事物的性质、属性、内涵等方面表现在事物发展在理想状态下的协调，事物的各种矛盾要素之间处在一个和谐共生的状态，是在一定的客观规律下运行的。和谐人格的人是集感性与理性于一身，熔激情与理智于一炉的完整的人。这种人身上，既有情感的冲动，又有理性的导引；既有富于诗意的蓬勃生命，又充满着智慧的光辉精神。审美人格作为人格的最高状态，是以人的本真状态来呈现的，这同当今构建社会主义和谐社会的寓意是共通的，人性的和谐是社会和谐的最大前提，在社会中如若每个人追求真善美，摒弃假丑恶，和谐社会的构建自然顺理成章。

和谐在审美人格中占据重要地位，是审美人格的重要特性。在和谐性的审美人格中，各个人格要素彼此协调，理性不仅不阻碍非理性因素的发展，反而是非理性因素促进理性的智识发展；非理性因素的有序共存，也促进了理性延伸出创造性和想象力。总之，和谐性审美人格中包括感觉敏锐、理性睿智、情感丰富等因素。具备这种审美人格的人，往往能够合理控制自己的感性与理性。当然，由于人的自然天性，具有和谐性审美人格的人也会出现情感冲动，但他会适时以理性加以引导。

（2）独特性

审美人格的独特性是指一个人区别于他人的人格上的特点。审美人格并非一个模式，多元差异的审美人格是世界的宝贵财富。人的全面发展过程就是人类解放的过程，也是个性解放的过程，人的发展与社会发展是相互作用、相互联系、相互影响的，从这个层面上来说，人的个性发展也即社会的发展。独特性的审美人格，是一种具有与他人相区别的独特的精神特质。无论从宏观还是微观层面，审美人格兼具感性、理性和非理性等要素，只是各个要素的排列组合及分量有所差异罢了。有一点可以明确的是，不可复制性是审美人格独特性的重要表征。当然，审美人格的独特性并不意味着排斥或否定共性，而是在认同共性的基础之上，强调个性特色的。换言之，审美人格是在共性的基础之上必然具有个体差异性的独特性人格。因为，差异是人类的宝贵财富，个人只有在体现个性的时候，才能彰显其独立存在，体现了无可替代的独立价值，社会也因此而充满意义。与前面所述的和谐性相对，独特性与和谐性是相辅相成的，审美人格的和谐性是人的自然天性的共性规范，而独特性则是每个个体的特殊规定。

（3）创造性

创造性是人的本质的最高体现，是人的最高力量所在。创造性对于审美活动是核心精髓，无论是创作美还是欣赏美，都需要创造。创造性在审美人格的诸多特点中具有核心地位，它的外在表征是对客观事物具有广泛的兴趣，善于组织语言，口头表达能力强，反应敏捷，逻辑思维缜密，幽默感强，记忆力强，工作效率高，具有独立思考的能力，拒绝盲从，擅长独立完成工作任务，充满自信，对宏观抽象问题感兴趣并善于研究，擅长社交，生活范围广，朋友多，有远大志向，为人坦率。生命在于创造，创造不一定只局限于科学发明、艺术创作等活动中，创造也会反映在普通和平凡的事情上。一个人的创造性可以随时随地表现出来，一个人会以源于自己性格本质的某种态度、精神来做任何一件事。一个人甚至能像儿童一样富有创造性地观照世界。对具有审美人格的人来说就是在创造中追求自己的价值，始终保持自己在路上的一种状态，敢于打破常规，不循规蹈矩，永不满足，追求卓越，让个体有限的生命创造出无限的价值。

（4）超越性

审美人格的超越性指的是具有这一人格的人具有超越一般意义的人与对象的价值关系的能力。审美人格的超越性可以使人跳出物质和利益的藩篱，

不过分追求自身利益，看淡世间的一切荣和辱。这里所说的超越性是指不会唯功唯利是图，面对诱惑能够守住自身的底线，不会向利益低头，甘当做利益的驱使者。审美人格的超越性当然并不是指人脱离社会的群体，过着"桃花源"似的生活。审美人格的超越性主要是人生追求上超越功利、生活方式上富有情趣、处世心态上乐观豁达。具体而言，对待功利问题上并非没有物质利益需求，而是不唯利是图，能够适当调整控制自己的情绪，除了追求物质利益，也寻求精神价值。

审美人格的和谐性、独特性、自由性、创造性、超越性等特征形塑的终极意义在于追求理想或完美的人格。完美的人应该是自由的人，人只有在自由的基础上才能够追求自己，用美的眼光看待周围的人和事。一言以蔽之，"人只有在他是十足意义上的人时才进行游戏，只有他游戏时，他才完全是个人"①。一个人游戏的时候自身的美才是最真实的体现，是个人内心的自我展示，更是人格的最高追求，即审美人格。

二、大学生审美人格的培养

（一）大学生审美人格培养的原则

1.愉悦性原则

审美教育是使人欢乐的一种教育。正如孔子所言，"知之者不如好之者，好之者不如乐之者"。人们在情绪高涨的时刻最易接受知识。审美教育的愉悦性原则，不仅能给人带来乐趣和益处，也给人以智慧上的启迪。毫无疑问地说，美不仅能给人以感官愉悦之体验，也可培养人们的生活情趣。审美愉悦的来源不仅取决于审美对象的优劣，也在于他人给予自己的赏识与肯定。因此，受教者能以一种喜悦之心情，参与审美，接受审美教育，自然是审美教育的最佳表现。审美人格教育的愉悦性强调教育过程中对受教育者的吸引力，使之保持浓厚的兴趣，这种趣味性就源自对个性差异的尊重。在审美教育过程中要根据教育的目的以及受教者的自身审美素质，以一种适宜的方式对审美进行教育，并将其生理愉悦转化为具有理性的高尚情操。审美教育的目的在于在教育的过程中给受教育的人以美的享受，让他们的心灵得到洗涤，思想上得到启发，弘扬人性中的真善美。

---

① 席勒. 席勒文集 [M]. 北京：人民文学出版社，2005：220.

2. 形象性原则

审美人格的养成并非一蹴而就，而是循序渐进的一个过程，伴随着人的一生，需要长期培育而成。当然在这个培育过程中，审美人格教育的形象性能够促进审美人格在较短的时间内得到养成。审美人格教育不但应该是教育的重要内容，而且通过各种丰富多彩的形式贯穿于学校教育的全过程。在教育的全过程中，从学校布局到教育环境布置，从教育到教学，从管理到后勤，从课堂内外的教育活动到教育活动中的一举一动，无不存在着审美。蕴含审美设计的教育是为了实现教育目的、目标，以及更好地开展教育活动，促进学生包括人格发展在内的全面发展，是开发每一个学生多方面潜能的教育。它不仅追求学生在教育活动中知识技能的获得、体力智力的发展、审美情趣的提高，还要求受教育者形成健康的人格修养。因此，开展审美人格教育时，不能急于求成，而应坚持形象性原则。

3. 创造性原则

创造性是人的基本内容和重要特征，创造性也是审美人格应该具有的基本特征。对具有审美人格的人来说，人生就是在不断地开拓、创造和升华。因此，在进行审美人格教育时，教师要注重培养学生的创造性。

审美是一种个人化的行为。由于所处的环境以及接收的信息不同，导致人与人之间的审美出现很大差异。不同的审美个体所处环境背景不同，审美需求、审美价值和审美能力也不同，每个人对美的认知也各有不同，正所谓各美其美。因此，在开展审美人格教育时，应遵循此规律，坚持创造性原则。创造性原则是在审美人格教育过程中，根据受教育者的兴趣和身心发展程度，对审美教育方法和内容加以创新，让受教育者的审美人格得到自由的成长。很显然，教师要尊重受教育者的审美倾向，并加以适当的引导，这样才能帮助他们构建完整意义上的人格。不管是从教育学的角度来看，还是从教育教学的视角观察，创造性原则自有其优势。具体而言，在教育学上，创造性原则具体的体现是受教育者的主体地位得以突出，并且，教师要了解和尊重个体身心发展的差异，为他们提供必要的成长空间。对审美人格的教育教学，教师必须根据受教育者的自身秉性和他们的实际身心发展阶段，实行有区别的、有针对性的教育，使得学生按照不同的发展路径，以求取得教学效果的最佳化。概括地说，创造性原则具体地反映了教育教学中对受教育者身心发展规律的重视，这和大学生人格发展的规律是一致的。

4.生动性原则

生动性原则是指在审美人格教育过程中，依从受教育者的认识规律，由浅入深、循序渐进，由低到高逐渐展开。一般而言，人们认知事物的过程首先是从感性开始然后上升到理性，是一个由表及里的过程，学习也是一样。因此，审美人格教育的生动性原则就是按照由近及远、由简到繁的认识规律来组织教学的。每个人在人生的不同阶段和受教育阶段都是受其自身的环境影响，如他们的心理、思想以及行为，都要经历一个逐步成熟的发展过程，在此过程中，他们的审美观会呈现各种差异。相对来说，审美观有低级和高级之分，低级的审美观自然是为现代文明所摒弃的。因此，在审美人格教育过程中，教师需要对受教育者的各种美的要素的欣赏能力予以培育，当其形成一定的审美观时，再发展为审美想象与艺术创造能力，最后大致塑造一种高尚完整的审美人格形态。此外，生动性原则也可以在反复的审美教育过程中得到体现。重复往往是深化感知的过程，优秀的艺术品吸引人反复欣赏，美好的歌曲经久流传，优美的景色令人流连忘返，经典的文学作品流芳百世，每一次欣赏又都会带来新的认知和感受，达到进一步的发展和进步。因此，在审美人格教育过程中，教学需要切实落实生动性原则，通过生动的审美教育、不断深化的感觉过程，不断完善审美人格的塑造。

（二）大学生审美人格塑造的影响因素

1.人格基础

人格的发展并不是一蹴而就的，而是循序渐进的。人格的形成与发展有必然的联系，在人格形成的初期阶段与后续发展孕育的过程是互相交叉重叠的。而审美人格作为人格发展的最高阶段，必然会受到前一阶段人格发展水平的影响。审美人格的发展是一个渐进的过程，是建立在前一阶段人格发展的基础之上的。"人的生长像时间一样流动，而不是一成不变的静物；人的成长像四季一样变化不断，而不是固定不变的固态体；人的发展好似潜藏能量的星光，而不是一串数字的组成。"① 美国心理学家罗杰斯，就关于个人

① 卡尔·R.罗杰斯.个人形成论：我的心理治疗观 [M].杨广学，等译.北京：中国人民大学出版社，2004：113.

形成问题的观点，在一定程度上揭示了人格发展的变化性与延续性。简而言之，审美人格不仅仅是人格的一种状态，更是人格养成的一个过程。人格审美化的过程是不断改进的过程，是从成长到成熟的过程，所以前一阶段的基础必然会对后一阶段产生影响，这一点对大学生审美人格的塑造具有一定的指导意义。

2. 学校教育

教育是建构审美人格的中坚力量，教育能够影响个体的认知态度、思维方法、情感体验、行为模式等，因此，后天教育是建构审美人格的关键力量。正如奥地利心理学家阿德勒所说："学校是每个儿童在其精神发展过程中所必然要经历的一个场景。因此，它必须能够满足健康的精神成长的要求。只有当学校与健康的精神发展的必要性保持和谐，我们才说这是一个好的学校。只有这样的学校才能被认作是社会生活所必不可少的学校。"[①] 我们的教育、我们的大学也应该努力追求阿德勒口中的"好的学校"，为学生审美人格的建构贡献力量。

从积极方面看，教育让个体拥有了知识。英国哲学家培根曾经提出过"知识就是力量"的著名论断。个体拥有知识，就能够认识客观规律，也就拥有了掌握自身命运的能力。若进一步剖析，首先，教育具有激发功能。如果一个人对审美人格无定义，那么他很有可能没有审美人格的独特素质。审美人格的特征之一是要具有创造性，教育正是激发学生的创造力的重要力量。其次，教育具有导向功能。尤其是高校自由宽松的学习形式有助于培养学生的自我学习能力，有助于学生自由个性的形成，为审美人格的养成奠定基础。最后，教育还具有调节功能，主要表现在约束与调适两个方面。高校良好的校风学风对学生的行为有一定的约束和规范作用，有利于他们身心和谐，从而引导学生形成美的思想和行为。高校的集体生活也能够引导学生建立和谐、健康的人际关系，敢于面对生活中的矛盾与挫折，增强与他人进行沟通交流的能力，使个体呈现出自信、和谐、超越的特质，达到审美人格的状态。但是，并不是所有的教育或所有的个体在教育中都能够进行审美人格的建构。而在现实中，高校对大学生的审美人格教育还存在一些不足，这就影响到大学生对审美人格的培养。

---

① 阿尔弗雷德·阿德勒.理解人性[M].陈太胜，陈文颖，译.北京：国际文化出版公司，2007：110.

3.社会环境

人是环境的产物，因此审美人格的形成当然离不开后天环境的影响。生活在相同的环境中，有的人会很好地适应新环境，而有的人表现出来的审美感受则完全不一样。举例来说，同样的几个孩子听相同的一个故事，思维灵活的孩子能够从故事中得到更多的感受与启发；反之，敏感神经质的孩子则会表现出另一种完全不同的理解。在相同的生活环境中，每一个孩子对事物的感受与理解都是不同的，性格活泼外向的孩子更容易接受新的环境条件，也能够很快与周围的人拉近联系。每个人的审美人格都是从生活的环境中形成的，在客观环境中表现出主观心理，这种主观意识就是发展审美人格重要的前提。即使同龄的孩子在相同的环境中成长，但他们对环境的理解感受也是截然不同的，反应也有所差异。

（三）大学生审美人格培养要点

结合大学生审美人格培养的原则与影响因素，笔者认为大学生审美人格培养可以从以下两点着手。

1.把外部灌输和激发人的自觉性结合起来

从社会学的角度来看，外部灌输就是社会教化的过程，人的自觉性过程是个体内化的过程。只有外部灌输，而不注重于个体内化，审美人格培养就不能达到目的。我国传统教育十分重视从小培养人的自觉性，并主张通过"修养"建立自觉意识，这是值得我们今天借鉴的有效方法。当前，"以人为本""以学生为中心"等观念，有利于调动学生人格发展的积极性，为高校的审美教育创造了条件。

2.采取启发诱导式审美教育方法

人格的形成应当是自然的过程。美育者应当以诱导为主，逐渐引导受教育者建立健康人格。通过启发式美育方法，激发受教育者的探索热情和思考习惯，并在受教育者思考人生和社会问题达到"愤"和"悱"的临界状态下，教育者适时"启"之"发"之，就能使受教育者如"醍醐灌顶"，顿然醒悟。在高校审美教育中，教师往往作为标准和社会的化身而存在，教师的一言一行都在默默地感染着学生。无形化育的效果往往大于有形教育，正如春雨的滋润往往比暴雨的冲刷更有益于万物的生长一样。

第三节　高校学生审美心理的培养

一、大学生审美心理结构

审美心理结构是指审美主体内部反映客观事物的审美特性及其相互联系的心理活动结构。它是人的生命结构的组成部分，同认识结构、伦理结构交织成人的总体心理结构或文化心理结构，并沉淀、凝结、交融于总体心理结构、文化心理结构之中，成为沟通、联结审美主客体，构成特定审美关系的中介、桥梁或中间环节。

首先，审美心理结构是多因素、多维度复合而成的网状结构。它由审美的认识结构、情感结构、意志结构整合而成，其中既包括审美感知、审美情感、审美意志这三种相互联系、相互作用、相互渗透的审美心理内容或意识内容，构成了人的具有特定社会内容的审美意识，如审美观念、审美趣味、审美理想等，又包括审美直觉活动、想象活动、理解活动、情感活动、意志活动以及审美潜意识、下意识活动等基本的审美心理形式，这些基本心理形式因素之间既有递进、转换关系，又有相互交叉、叠合和相互积淀交融的关系。同时，这些心理内容、心理形式既是审美心理活动的方式，又以各自相应的生理结构系统为其生理机制，伴随着各种感官系统、神经系统、大脑皮层系统以及呼吸、血液、运动、消化、内分泌腺等系统的综合运动，并在生理反应中获得表征，形成了审美的生理—心理运动系统。此外，审美心理活动既是对客体审美特性的反射、反应，又有自控、自调的内部调节机制，发挥着感知对象、定向选择、情感转移、想象创造和调节生理运动、外部行为的功能，使人既成为审美的接受主体，又成为创造主体。所以，审美心理结构是一种生理机制与心理机能、心理内容与心理形式、接受机制与创造功能等要素相互交织、相互作用、有机统一的多维的复合网络。

其次，审美心理结构是诸心理要素多层次组合而成的整体性结构系统。它包含着意识与潜意识、直觉与思维、理智与情感等表层的和深层的心理内容、心理形式。在审美心理形式中，既有直觉层次，又有想象、理解、情感、意志和潜意识的层次，而在这些层次中又有若干具体、细微的层次。例如，审美直觉中有审美感觉、知觉、表象、错觉、幻觉等层次，审美思维中

有分析、综合、判断联想、想象、理解、推理、意会等层次，审美情感中有心境、热情、激情、激应等层次。在审美心理内容、意识内容中，审美的知、意、情是种有序的多层次结构，而在知、意、情内容中，既有个体的、个性的与群体的、全人类的，现实的与历史的不同层次，又有政治的、经济的、伦理的、文化的等不同层次，从而构成审美意识内容的层次序列。同时，在审美心理形式、心理内容的各种不同层次之间，以及审美心理形式诸层次与心理内容诸层次之间，又相互渗透、相互生成，相互推进和相互转化，从而使审美心理结构成为诸要素有序组合的多层次的综合结构。

最后，审美心理结构是动态的动力结构。一方面，无论是个体的还是群体的、全人类的审美心理结构都是处于历史的发展之中，都随着特定社会历史条件和特定机遇、环境、对象以及自身实践的变化、发展而恒新恒异，都是既有相对稳定性，又有历史发展性，并处于不断完善化的过程之中；另一方面，每个个体在面对某个特定审美对象时，他的审美心理活动过程也经历了由审美直觉到思维，由接收到创造的过程，在这复杂的运动过程中，审美心理结构便随之得以改组和重构。一定的审美心理形成之后，在审美过程中，各形式、各要素、各层次相互作用，形成多阶段、多起伏、多节奏的活动状态，既有审美感受的初始，又有审美高潮的到来，还有审美延留的余波；既有喜怒哀乐的情感活动，又有想象联想的创造补充，还有理解领悟的价值判断；既有张弛疾徐的心理节奏，又有由浅入深的领悟理解，还有起伏多变的心理流向。从审美实践来看，人们面对美的对象，如一幅画、一首乐曲、一部电影或一部小说，总是由审美的动机需要导向积极的审美注意。审美注意的发生，实际上便中断了日常的生活心理，从而引发审美感知、审美想象，灌注审美情感，做出审美的理解判断，最终获得精神的愉悦和情感的满足，并因此而强化和丰富、完善着一定的审美心理结构，不同的个体也会因之而形成习惯性审美心理或审美心理定式，并对特有的审美对象有特殊的敏感感受和直觉把握。例如，长期的音乐艺术实践形成特有的音乐爱好和鉴赏力，"操千曲而后晓声"的结果，使人对音乐的审美心理情有独钟，且想象活跃，感受和理解似乎天成。其他的艺术实践或审美实践也会如此。我们可以认为，在审美心理的动态结构中，主要的动力性因素是情感，主要的动态展开形式是想象。所以审美心理结构不是固定不变的常数，而是变动不居的函数。

因此，审美心理结构是种多因素、多维度、多层次整合的动力结构系统，正是通过这种心理结构的中介，才使对象的诸要素、诸维度、诸层次相整合，以整体性系统结构的方式作用于人的大脑，成为人的审美对象，也正是通过这种心理结构的中介，才使人有可能全面地、发展地、创造性地把握对象、改造对象，从而成为审美、创造美的人。

二、大学生审美心理特征

当代大学生，正处在青年时期，青年是人生的一个特殊阶段，具有生理、心理上的独特性。而大学生在社会生活中又有着特殊的地位，他们进入知识的较高层次，思维能力强，道德观念日见明确，志趣性格逐渐形成，自我意识日益强化，审美观也日趋稳定，这就使他们的审美意识显示出许多特征。南宋词人辛弃疾曾写过一首《丑奴儿》，词中写道："少年不知愁滋味，爱上层楼，爱上层楼，为赋新词强说愁。而今识尽愁滋味，欲说还休，欲说还休，却道天凉好个秋。"词中道出了一个人的青年时代与中年时代不同的审美感受。大学生审美心理特征主要表现在以下几个方面。

（一）敏感性

大学生思维活跃、敏捷，充满青春活力和激情，对新鲜、美好的事物充满渴望，这使他们极容易被美的事物所吸引、所感动，其审美心理有很强的敏感性。这种敏感性是由认识能力的加强、文化修养的提高和自我意识的增强决定的。

大学生正处在脑细胞建立联系的时期。经过教育训练，特别是专业课学习，皮层细胞活动的数量迅速增加，大脑皮层的发育在一定程度上呈现出"飞跃"的状态。具体表现为视觉、听觉的高度敏感，这就使得他们能从普遍存在的、司空见惯的事物中很快捕捉到美的对象。而内分泌的生长，又会使大学生的兴奋情绪增强，他们对来自外界的感官刺激，常常会做出迅速的反应。在他们的眼里，任何平常的自然景色都充满着生机，使他们心旷神怡，产生美感。大地从冬眠中苏醒，江河解冻，河水流动，草木凋零，候鸟迁徙，秋雨连绵，这些景象都会引发他们对美好生活的遐想。一段优美的旋律，一行充满哲理的诗句，一朵墙角的小花，都会引起他们的感知注意，甚至激起久久不能平息的审美愉悦。由于认识能力的提高，他们往往愿意透过客观事物的外在形式而领悟它们内含的生命意义，这种探索进一步增强了他们审美的敏感性。

大学生都有较高的文化艺术修养。他们的审美视野开阔，在古今中外的优秀文化艺术作品中吸收了较多的审美经验，培养了比一般青年更多的艺术

感觉，因此他们的艺术感觉比较灵敏，审美理解也比较深刻。在审美过程中，他们往往能从客观世界中发现被其他人所忽略的对象，或在对象中发现不易被人注意的某些美的特征。一片黄叶翩然落地，一些人也许根本引不起注意，但是对读过泰戈尔的诗句"生如夏花之烂漫，死如秋叶之静美"的大学生来说，那一片黄叶是一个生命体，他们可以从秋叶的飘落联想到人生的意义。

随着文化修养的提高，大学生的自我意识日益增强。兴趣、能力、性格情感、意志道德和行为都在自我意识觉醒的基础上趋向成熟。他要求不断地了解自己，不断地进行自我评价和自我教育。像"我是谁？我从哪里来？我到哪里去？"这样的问题，只有自我意识特别强烈的个体才会提出来。大学生时刻带着这些问题，并将它们放置到每一个客观事物中去观照。于是他们要在所有美的对象中观照自身。面对美的对象，他们总是将自己丰富的情感和意识渗透其中，去探询人生的秘密。所以他们的审美感受要清晰得多、敏感得多。

（二）浪漫性

大学生审美心理的浪漫性是由文化素养的提高，青年时期对未来的憧憬与富于想象决定的。文化修养的提高培养了大学生的浪漫情怀。

文化修养对审美活动的影响是显而易见的。在审美活动中，审美主体随时随地都在调动着自己头脑中早已储存的审美经验，通过情绪记忆的信息系统，传递给审美对象，从而挖掘出审美对象本身的美的本质。头脑中储存审美经验的多少，决定着审美感受的强弱。《列子·汤问》里记载，伯牙善鼓琴，钟子期善听琴。当伯牙鼓琴，志在高山时，钟子期说："善哉，峨峨兮若泰山！"伯牙志在流水，钟子期又说："善哉，洋洋兮若河水！"钟子期正是调动了他储存在脑海里关于音乐的审美经验，并通过情绪传递给伯牙，从而通过想象创造出了"峨峨兮若泰山""洋洋兮若河水"这样的新形象。如果没有音乐审美经验，他是听不出这样美好的韵味的。

大学生正处在学习阶段，大学有藏书丰富的图书馆，有得天独厚的美育设施，有丰富多彩的业余生活和各种艺术活动。他们通过这些活动满足了对美的探索和对美的创造的渴望，也开拓了崇高的精神境界，丰富了审美经验。同时，大量的阅读，也使他们有了许多音乐、绘画、文学、舞蹈、戏剧等方面的知识，他们在大脑中储存了许多前人的审美经验。当接触到审美对象时，他们会自然地调动这些经验，加上丰富的想象，从而创造出许多浪漫的新形象。

青年时期对未来的憧憬，也使大学生的审美意识充满浪漫性。大学生正处在走向人生的准备阶段。因为他们的人生还是一个未知数，所以他们在心里对未来画出过无数幅美好的蓝图。他们追求纯洁的爱情，忠贞的友谊，崇高的事业，无悔的人生。于是他们能在一切进入他们视线的事物中找到这种追求的参照物。读《红楼梦》他们会唏嘘泪下，因为他们会被宝黛的纯洁爱情所感动，潜意识中他们希望自己能够得到如此高雅的爱情；观壶口瀑布，他们会激动万分，因为在瀑布咆哮而下的急流中他们想到了人生力量的喷发过程；站在长城的烽火台，他们能思绪万千，感到人生的短暂和责任的重大，会产生大千世界"舍我其谁"的雄心。这种对未来美好生活的热切追求与向往，必然使他们充满幻想与想象。

大学生正处在人生"多梦"的年龄，最富于想象。想象是一种自由和自主的心理活动。通过想象，主体可以按照自己的意愿主动地、自由地建构对象，创造形象。由于生活的挫折，成年人会把许多不可能实现的梦想主动地放弃。他们并不是不知道怎样更美好，而是感觉既然不能实现，就不如不想，久而久之拥有这种梦想的能力减退了。他们更多的精力被"现实生活"所牵扯，但青年人却不这样，较高的文化素养，历史感的形成，审美能力的发展，加上较多的自由支配的时间，使他们的审美活动已不再单纯地满足于现实中的审美对象，他们开始转向对艺术的强烈渴望。这种审美意识艺术化的倾向，使他们的审美活动开放而浪漫。

（三）强烈性

大学生审美感受的强烈性，是由青年时期的心理、生理特点决定的。青年人对外界刺激特别敏感，所以能迅速做出情绪反应，但是由于青年人自我调节能力和自我控制能力相对较差，他们往往会表现出大喜大悲的强烈情感。心理学家认为，外界刺激是一种能使人的感官引起活动的力量，而新的刺激所引起的感官反应必然强烈。大学生正处于生命发展变化最快的时期。作为一个刚刚迈入社会的新人，他们开始接触社会、环境、人际、爱情等方面的问题，这些在人生道路上的新问题会引起他们强烈的情感反应。一个小小的成功，会使他们陷入全身发抖的狂欢之中，一个小小的打击会使他们痛不欲生。他们一时会感到自己是天之骄子而昂首挺胸，一时又会为自己的一次失败而捶胸顿足。这种情感表达的强烈性是青年心理的突出特征。

大学生正处于人生精力最旺盛的时期。他们的各种感觉器官的感觉能力都超过了成人的水平，知觉和认识能力得到了高度发展。由于精力旺盛，活

动能力增强，活动范围扩大，他们产生了强烈的探索世界奥秘的好奇心。凡是新鲜的、奇特的、活动变化的事物，都会引起他们的兴趣。"平凡"是他们这一时期最不能接受的。他们喜欢造型、色彩奇特的美术品，爱听旋律激烈的音乐，爱读惊心动魄的小说，爱看惊险刺激的电影。惊心动魄的场面、千钧一发的时刻，往往能扣动大学生的心弦，使他们大脑皮层一直处于兴奋的状态。

（四）独特性

大学生审美的独特性，是由他们自我意识的增强、大胆的探索精神和丰富的想象力决定的。大学生离开家庭进入大学，普遍有了强烈的"成人感"。自我意识增强，自尊心强烈，独立思考的能力提高，使他们对周围的一切都有了自己的看法。他们喜欢争辩，好怀疑，不轻信，不愿盲从，思维中有较多的批判意识。他们不愿寻求现成的解决办法，敢于大胆发表自己的见解。当自己的一些想法得到周围人的支持、赏识时，他们就会信心百倍地去将自己的想法付诸实践。大学生这种思维的独立性，表现在审美活动中，就是他们审美的独特性。在社会中我们可以看到，一种新的艺术形式，往往是青年人最先接受它。当一种新潮衣服款式流行时，总是最先穿在青年人的身上。一种新的艺术样式的出现和发展，总与青年人的喜爱与否有很大的关系。

"标新立异"是青年人追求的行为。这种独特性是可贵的，它能够引导青年学生去探索、发现科学奥秘，去创造独特的艺术形象。牛顿20岁创立微积分，爱迪生21岁取得第一项专利，徐霞客22岁开始周游各地进行地理考察，曹禺23岁写出了话剧《雷雨》，闻一多24岁出版诗集《红烛》，歌德25岁发表《少年维特之烦恼》一举成名。以上事实证明，不论是艺术创造还是科学发明，都需要青年时期的"突发奇想"和"不甘平凡"的独特感受。

这种独特性很多时候表现在他们的冒险精神方面。许多前人未曾发现的审美客体都是青年人在这种"突发奇想"的冒险中发现的。在西班牙的拉斯柯斯附近有一个30年前因大树被风连根拔起而留下的洞穴，几个青年决心到洞穴去探险。于是他们结伴而行，进入洞穴。当他们穿越这个地下洞穴时，却像是发现传说中的宝库一样，他们发现了洞穴中绚丽的绘画，洞穴的墙壁上分散地画着许多非人非兽的形象，散发着远古的气息。于是，一个使人类的艺术史提前了几万年的发现产生了。这一美的发现，得益于几个青年的勇敢探索。这里当然有偶然性，但其中也包含着必然。如果没有这些探索活动，这些美是永远不会被发现的。

这种独特性也表现在大学生大胆的想象方面。青年时期往往是自信心最强，想象力最丰富的时期，丰富的想象力是审美活动中最能动的力量。著名诗人郭沫若正是由于青年时独特的审美感受，写出了《女神》，从而为我国新诗发展奠定了基础。当时诗人被革命热情激发着，于是他用"我是一只天狗啊，我把日来吞了，我把月来吞了，把地球来吞了"这样奇特的想象抒发他的激情。他又把自己想象成为一块炉中熊熊燃烧的煤，把祖国比作年轻的女郎，表达了他炽热的爱国情怀："啊，我年轻的女郎！我不辜负你的殷勤，你也不要辜负了我的思量，我为我心中的人儿，燃到了这般模样！"正是由于他这种奇特而大胆的想象，使他有了与他人不同的审美感受，创造出了不朽的艺术珍品。

当我们了解了大学生审美心理的特殊性之后，我们就应该自觉地扬长避短，去培养他们灵敏的审美感知能力，训练他们感受美的眼睛和欣赏音乐的耳朵，促使他们积累审美经验，提高审美趣味，进而使他们成为一个"审美的人"。

三、大学生审美心理的培养路径

（一）提高教育者的审美心理培育能力

高校教育者审美心理培育能力的高低对大学生审美心理发展的影响最直接、最有效。素质过硬的教育者能够促进大学生审美心理朝着健康的方向发展，同时可以为大学生指点迷津，使他们少走弯路。故提高教育者的审美心理培育能力，健全考核机制对大学生审美心理培育至关重要。

1. 加强教育者的审美心理培育能力的培训

高校教师是高校开展各项教育活动的重要组成部分，是教育教学的主体，也是主要的实施者，教师自身的审美素养和审美心理培育能力的高低直接关系到高校大学生审美心理培育的成效。因此，加强对教育者的审美心理培育能力的培训十分关键，只有能力强、水平高的教师才能做学生心灵上的引路人。教育者的审美心理培育能力直接影响大学生审美心理培育工作的实施。如果教育者本身审美心理知识匮乏、审美意识淡薄、审美能力不高，那么他们又如何能做到发掘美、传播美。所以对教育者审美心理培育能力的培训显得尤为重要。加强对教育者审美培育能力的培训，促进教师审美心理知

识的积累，提升理论水平，强化审美意识，重视对大学生审美心理的培育才能更好地实施审美心理培育工作，才能使得审美心理培育的教育者以审美的态度传授于学生审美的技能，从而进一步推动大学生审美心理的养成和发展。

2. 健全教育者审美心理培育能力的考核机制

没有健全的考核机制，学校便无法对教师审美心理培育能力进行考核评估和监督，这在某种程度上大大影响了审美心理培育的教育者的积极性；没有健全的考核机制，评价没有依据，容易造成无法详细了解教育者培育能力，教师对大学生审美心理培育的重视程度不会很高，在施教的过程中易出现走形式、马马虎虎的情况，严重影响着施教过程中对大学生审美心理培育的成效。因此，高校应建立健全对教育者审美心理培育能力的考核机制，加强对教师的考核，教师也要不断地进行自我学习和自我提高审美心理培育的理论水平和施教能力。这就需要对教育者审美心理培育能力的考核进行严格把关，确保各个环节上的严谨、科学，从而有效提高审美心理培育教育者的施教能力。

（二）督促受教育者审美心理的自我培育

审美心理培育的教育者可以起到承上启下的衔接作用，但是这些还远远不够。大学生作为审美心理培育的受教育者的自我培育也是十分关键的。由于受教育者对自身审美心理成长的忽视产生的问题尤为突出，因此，督促受教育者审美心理的自我培育，提升自身审美境界和审美素质，对提高大学生审美心理培育有很大的帮助。

1. 提升自身精神境界

高校教育的目的要求大学生不仅要具备应有的专业技能，还要具有健全的人格。大学生审美心理培育的出发点就是要塑造大学生健全的人格，使学生获得全面和谐的发展。大学生应该做一个有理想、有信念、有一定精神境界的人，并能够通过自身的不断学习，提升自己的审美境界。大学阶段正是大学生精神成长的关键时期，时代赋予他们艰巨的任务，要求他们要学会生存，不怕困难，敢于拼搏，顺应时代的发展要求。在成长的路上面对迷茫和困惑，面对善恶美丑的抉择时，一定高度的精神境界能够增强大学生面对选择时保持清醒的头脑而不迷茫，为其指明前进的方向。

我国有着五千多年的文明历史，从古至今延续了很多宝贵的精神财富。大学生应该继承和发扬中华民族的传统美德和优秀历史文化，学习传统文化可以提升自身内涵和精神境界。大学生学习传统古典文学可以说是一个比较好的选择。传统古典文学和美育的关系密切，大学生通过了解古典文学作品，获得的不仅是知识，也可以是一种美的享受；同时，还可以提高审美情趣，接触到另一种精神境界，自觉地感受和体验其中的人格精神，这对自身形成高尚的审美素养有很大的促进作用。学习一些文人政客的爱国主义精神，可以增强大学生的审美共鸣，有助于他们完善自我，激发百折不挠、不怕吃苦的精神，并用较高的精神境界去审视自身与他人、社会、自然关系中的美，从而建构完整的审美心理。

2. 提升自身思想道德素质

当代大学生正处在思想和身体成长过渡的特殊时期，心智成长还不够成熟，思想特别活跃还不够稳定，极易受到外界因素的影响。处于如此特殊的时期往往难以把握审美尺度，所以大学生提升自身的思想道德素质、把握审美尺度就显得尤为重要。在审美过程中，自身的思想道德素质出现了偏差，审美心理就容易产生扭曲和倾斜。大学生审美心理的培养必须以真善美的和谐统一为尺度。要想达到这一标准，大学生就要具备崇高的思想道德素质，要做到知行统一，严于律己，勿以善小而不为，勿以恶小而为之，用自己的亲身行动去感受美，传播美。思想道德素质包含世界观、人生观、价值观、道德观等很多内容，这就要求大学生要从多方面锻炼自己，提高自己。

大学生应该意识到高尚的思想道德素质也是一种美，每一个人都是美的缔造者和传播者，审美不单单局限在冲击视觉的外在美，还有源于内心的内在美。事实上，思想道德品质可以映照出一个人的审美境界和审美能力，因为在审美过程中的审美心理作用下，对美丑的辨别也要基于本身道德标准去判定。大学生要想牢牢把握住正确的审美尺度就要争做有理想、有道德、有高尚情操的人，并自觉提高自身的内在，处理好身边的人、物、事的关系，积极参与到审美活动中去，积极发现美和传播美。

3. 提升自身人文素养

大学生审美心理是指以大学生为审美主体，在审美实践中，面对审美客体即审美对象，通过审美主体的感知、想象、理解、情感等要素的相互作用，在审美体验中获得美的过程。所以，作为审美主体的大学生，自身的文

化素养至关重要，大学生自身人文素养的高低与其具备何种审美观和审美能力息息相关。审美能力是一种综合能力，反映了个人的文化素养。

人文知识是人类社会传承下来的文化精髓和宝贵财富，它强调人的道德、精神，注重对善与美的理解，引导人们求真、爱美、从善，在陶冶人、教育人方面有不可替代的作用。要想使大学生具备完善的审美心理，提高其审美能力，大学生必须具有一定的人文素养、知识储备、生活经历，以及其他方面的实践能力。因为具有一定的文化底蕴和知识储备可以使得大学生思想更加开放，思维更加活跃。在审美的过程中，他们可以充分发挥自身的感知力和想象力，从而获得更彻底的美的体验。大学生走进大学的第一要务就是学习科学文化知识，掌握专业技能，只有不断地学习，才能丰富自己的头脑，用知识武装自己的同时还可以开阔自己的视野，使得思想不受愚昧思想的禁锢，增强自身对美的感受力和对美的本质的理解力。大学生自身获取审美知识的途径多种多样，可以通过学校开设的美育课程，组织的各种文体活动、知识讲座等进行汲取，以达到德智体美全方位的发展的目标；同时，高校还应该在课程设置上进行优化，可以从传统文化、历史、政治、文学、艺术等人文社会科学方面进行教育。人文素养影响着一个大学生的思想发展方向，应该始终将其贯穿和渗透在其他学科的教育教学中，使得大学生文武双全，从而提升他们的人文素养。

（三）整合大学生审美心理的培育内容

将有关审美心理培育的内容进行科学整合，整齐划一，可以提高审美心理培育的综合实力。梳理现有的审美心理培育内容，同时引入最新的审美心理培育的研究成果，可以为大学生审美心理培育注入新鲜血液。

1. 梳理现有的审美心理培育内容

大学生审美心理培育内容比较分散，我们应当对现有的内容进行相应的整理，让其具有一定的条理性。这样既有利于大学生审美心理培育的开展，也有利于教师的教授和审美心理培育能力的提高，更有利于审美心理培育内容的科学性。

首先，将现有的审美心理培育内容规整类别，这样有利于审美心理培育课程的设置和安排。清晰了当前已有的审美心理培育内容，对大学生的培育就有了方向，也就会逐渐丰富审美心理培育的内容，使其免于陈旧枯燥。

其次，清晰了现有的审美心理培育内容的脉络，在教授的过程中，教师就会有重点的培育，同时，也会提高对学生的审美心理的培育能力，教师就会有选择性地针对不同年龄、不同的年级安排教授审美心理的培育内容。

最后，对现有的审美心理培育内容进行梳理，能够保留审美心理培育内容精华的部分，剔除糟粕的部分。在快速发展的当代社会，审美心理培育内容要跟上时代的步伐，要随时去除陈旧的内容，以使审美心理培育的内容对大学生产生吸引力。在不断地去伪存真的过程中，审美心理培育内容要逐渐变得具有科学性，以适合大学生审美心理的培育。

2. 引入最新的审美心理培育的研究成果

美学教学应当关注和充分吸收美学研究的最新成果，不断更新和丰富教学内容。审美心理培育作为审美教育的一部分，它的最新研究成果更应当被时刻关注，因此，关于审美心理的培育内容应该不断满足大学生审美的需要，只有这样才能使大学生审美心理培育紧跟时代的步伐，大学生才能对审美心理产生兴趣，从而树立审美心理自我培育的意识。

针对学校方面，高校应当关注并引进最新的审美心理培育的研究成果，将其整理成教师审美心理培育培训的内容，这样可以使教师掌握审美心理培育的最前沿的资料。关于教师方面，教师应当把当前掌握的最新的研究成果总结出来并传授给学生，使学生不断地丰富审美心理知识。

高校审美教育课程建设

第五章

第一节　高校审美教育课程的特质与载体

一、高校审美教育课程的特质

对美育课程的特质，笔者认为不能简单地把其定位于艺术教育、情感教育、知识教育。什么教育都不是单一的、平面的，而是一个全面多样、立体综合的有机体。它不是明显地偏重某一方面，而是一个矛盾的统一体。因此，我们要从以下几点来把握美育课程的特质。

（一）指向性与非功利性的辩证统一

美育的指向性十分明确，就是要寓美于心灵，即美育要指向完美人格的塑造。正如席勒所言："有身体健康的教育，有智力认识的教育，有伦理道德的教育，有审美趣味和美的教育。这最后一种教育的目的在于，培养我们的感性能力和精神能力的整体达到尽可能有的和谐。"① 这正是美育课程的指向性所在。美育指向人格养成，这是美育的本质功能、主体价值，是评价、设计、实施美育课程的根本出发点和落脚点。但美育的人格养成指向是一种终极指向，不能急迫于眼前之功效，带有极强的非功利性。

美育的非功利性是美育的本质规定性所在。这是美育与智育、德育的根本区别。智育的目标预期是帮助人们认识世界、向世界索取并改造世界。德育的目标预期是约束个体以满足集团、社会之总体需求。前者是物质性的，后者是精神性的。他们的共性是都有强烈的功利性。智育的功利是人的眼前利益的索取，德育的功利是社会利益的达成。与智育、德育相比，美育既不要求向外部世界索取利益，也不要求向内心世界强加规范，而只是培养人的一种无功利的鉴赏力，旨在引导人们在全神贯注地"静观"中，进入一种"物我同一"的澄明境界，在形式的审视中，获得一种无言的欣喜和愉悦，以达成精神的自由与理性、感性的和谐发展。

坚持美育指向性与非功利性的辩证统一，要把握两个方面：第一，要从促进学生"人格养成"的角度来设计和实施美育课程，把"促进学生人格养成"作为一项重要的美育目的，一切美育活动都应该有利于学生人格的完

---

① 　朱立元. 把握美育内涵 塑造美好心灵 [N]. 人民日报，2018-10-19（24）.

善。第二，要把艺术欣赏、艺术技能提高等艺术教育形式作为一种重要的美育手段，但绝不能把欣赏或训练作为最终目的。通过美育，要让大学生认识到，我们所赖以生存的这个世界并非仅是一个功利世界，而是某种意义上超功利的世界，更是一个充满诗意的世界。人活着，不是为了简单地实现某一个目标，而是为了"人"本身，达到"作为人而成为人"，要从个人与集体（包括阶级、民族、人类）的统一中充分实现自我价值，并从生活本身领略生活的意义和乐趣，学会"诗意"地生活，成为"学会审美的生存的一代新人"。

（二）共性与个性的辩证统一

审美教育要坚持共性与个性的辩证统一。一方面，教育者依据一定社会的普遍标准来确立教育目的，以及与之相适应的教育内容和方法，引导大学生关注美、热爱美、创造美，促进大学生树立崇高的审美理想，培养积极的审美情趣，提高塑造美的行为、美的语言的能力。另一方面，良好美育效果的达成只有通过学生的积极接受才能真正实现。受教育者不是一张可以任意涂鸦的白板，而是一个活生生的、能动的生命存在个体，他们各有所爱，各有所能。这就要求美育的内容、方法和目标既要体现普适性，更要尊重个性，注重个性美的弘扬、引导，不能违背美育的愉悦、自由、个性化的本性，要因材施教。因此，相对于智育、德育更重共性、更重标准而言，审美教育要注重共性与个性的统一，侧重于对个性的尊重。

尊重个性，意味着在美育课程中，赋予教师和学生更大的自主性和独特性。因为，一方面，作为美育关键要素之一的审美对象，本身就是多色调的、富有个性的。以自然美为例，钟灵毓秀，各类美的事物都是熔铸了人的人性化、个性化的保护和开发。以社会美为例，无论是商品美、环境美、人性美，也都是各具现代性资质，异彩纷呈的；以艺术美而言，更是千姿万态，美不胜收。另一方面，审美主体本身也是不断分化、不断个性化的。就以大学生来说，他们正处于最具激情、梦幻、潜质发展的黄金时期。大学生作为一个具有较强知识背景的群体，具备了很强的审美能力和审美情感，审美心理也逐渐趋于成熟。但由于掌握知识多寡、兴趣爱好的差异等原因，他们的审美心理具有很强的不稳定性和可塑性。因此，坚持共性与个性的辩证统一有两个关键点：一是要在实施大学生美育时，针对学生的兴趣、个性等特点，提供多种美育途径，紧跟时代步伐，因势利导，注重差异，符合个性；二是要改变传统的对学生学习效果的应试考核性评价方式，建立个性化的学习评价体系。

（三）独立性与渗透性的辩证统一

美育作为教育体系的一个重要组成部分，必然要具有一定的独立性。要有系统的、与时俱进的、比较成熟的理论体系，要有相对独立的课程体系，要建设好文学艺术课堂教学等主要美育渠道，这些是美育得以健康发展的根基。

美育是一种无功利的审美力的培育和启发。审美力的培育固然需要美育学科自身的理论和教学支持，但指向人格养成的美育，还要依赖于实践，依赖于渗透在各科知识（甚至包括数学、逻辑等）传授中的审美视点的发掘、培植。也就是说，美育需要所有教师、所有学科的共同努力，而不是单一课程、单一学科的一枝独秀。所以，从狭义上来看，美育课程是一门课程；从广义上来看，我们一定要把美育贯彻、落实到教育的全过程。

美育的功能是其他的教育不能取代的。美育可以丰富人的多方面的知识，开发人的智慧，陶冶人的情操。美育可以塑造人的优美的心灵和高尚的人格，形成正确的人生观、价值观、世界观。美育可以全面提高人的素质与修养。美育不但对教育人、培养人是不能缺少的，对整个社会、整个人类，自然、艺术各方面都是不能缺少的。所以，我们一定要把美育认真地贯彻落实到教育的全过程里面去。

因此，一方面，我们要坚持美育的独立性，遵循美育的规律性，体现美育的独特特点，强调美育的主渠道，即美育课程。另一方面，我们要牢固树立"大美育"的观念，让美育渗透到学校教育全过程，在学校教学、科研、管理、后勤服务的各个环节都体现美育的理念，实现美育的过程，收获美育的成果；要加大教学改革的力度，对目前的学校教学规划、教学要求、课程体系以及教学评估制度等，都应当进行较大的调整，合理设计适应素质教育总体目标、能够将美育有机包容于其中的新的教学思路。融入教育全过程后，美育与其他教育是什么关系呢？就是现象学所说的在场与不在场事物之间的关系。其他教育，比如智育，作为在场的课堂教学要以未在场的美育所提供的广阔视野为背景，有意识地加深学生对所学知识中所蕴含的美（比如，科学精神、人文精神）的领悟与理解。这可以在一定程度上避免片面智育所造成的科学精神与人文精神的分裂，促进学生个人素质的全面发展。

（四）引导与体验的辩证统一

审美教育的过程应是一个教育者和受教育者相互作用、互动发展的过

程。大学生群体属于高知人群，具有一定的理论水平，他们掌握了一定的知识体系，能够初步运用马克思主义基本原理分析问题和解决问题。因此，在高校开展审美教育课程，要以帮助他们养成全面发展的人格为目的，努力引导他们以马克思主义唯物辩证法的美学观点来认识美、欣赏美、创造美。审美教育注重体验，要有计划地、有步骤地、经常性地开展健康向上的审美实践活动，引导大学生形成正确的审美情趣，养成健康的审美习惯；要把美学知识的传授与美育实践活动有机结合，把美育知识讲座与大学生的日常行为引导有机结合，把艺术技能的培养与情感体验有机结合，使大学生在学以致用中完成审美教育。

教师在美育课程教学过程中的作用，就是当好大学生审美活动的导游，从感染、欣赏、探源诸方面去引导学生认识作品的艺术魅力，也就是要引导学生认识美。苏霍姆林斯基也认为，学校美育首先要教会学生认识美，在认识美的基础上，进而培养学生的情操和修养。所谓认识美，就是让学生了解大自然，了解社会，了解周围世界，了解艺术中的美。而所谓美的情操、修养，是指在了解了自然和艺术的基础上逐渐感受和领会美，并在全部精神生活中处处体现出关注美、珍惜美、创造美。

与此同时，所有美育教学及美育活动，都要注重引导学生体验美、感受美。美的经验不是写出来的，更不是算出来的，它是通过个人的感官感觉到的，是通过个人的心灵感悟到的。对美的体验具有个体的差异性，永远不可能整齐划一，不可能有"标准答案"。正是在这个意义上，苏霍姆林斯基主张引导学生到大自然中去体验美。他认为，人是大自然之子，应当把同大自然的血肉联系利用起来向学生介绍精神财富。在他执教的帕夫雷什中学的审美教育中，起重要作用的是游览美的世界——参观和旅行，观察和分析自然现象。这种对美的体验的重视在高校美育课程建设中也是尤为重要的。

二、高校审美教育课程的载体

（一）基本载体：美育课程的课堂教学

学校的主要教育活动是教学活动，课堂教学是主要的教学活动，因此，课堂教学是学校向学生进行教育的主要形式，也是美育的根本途径和主要渠道。高校美育课程的课堂教学是在科学的教学理念、特定的教育目标、合理的课堂组织安排下开设的，高校美育课程是以美成人的美育的基本载体。

高校美育课程的课堂教学主要包括文学的课堂教学和艺术的课堂教学。

文学课堂教学主要包括文学常识教育、文学作品欣赏等内容，使学生通过对文学语言"意向"的把握，接受文学艺术中的审美意识，进行审美的心理建构。文学属于语言艺术，它以语言为基础材料来塑造具体可感知的审美形象，并以此来反映社会生活和表现情感，它生动地描绘现实生活，形象地刻画具有代表性的人物，同时也更为自由地表达了人丰富而复杂的情感世界。它通过文字与语言，让人们运用自己的想象来感知文学形象，从而认识到最真实的现实世界，感知人类最为美好的情感。文学的审美特征主要在于文学的情感性、形象的间接性、表现内容的丰富性等。文学作品能以美的、生动的形象去感染学生，用美的语言去激发学生，在善与美、情与理、言与行的体验中形成对美的评价能力和创造。

艺术课堂主要包括音乐艺术、美术鉴赏、戏曲电影艺术等。《辞海》将艺术解释为"通过塑造形象具体地反映社会生活、表现作者思想感情的一种社会意识形态。艺术在本质上关注的是人的心灵"。高校的艺术教育主要是使受教育者具备基本艺术审美修养的教育。一般来说，艺术修养是在艺术审美实践中逐渐生成的，艺术修养的高低不仅影响到个体人格的发展与完善，而且它本身就是一种社会性的人格素质。音乐教育是艺术教育的一项核心内容。听音乐不仅能解除课程过重造成的疲劳，而且有助于学生理解和消化其他课程。因此，高校对大学生进行综合音乐素质训练教育，要根据学生音乐素质的实际基础，从简单的知识开始，逐步培养，把音乐史、音乐理论、音乐欣赏等与个人的音高感、节奏感、音色感、和声感及音乐的想象力、感受力和表现力等辩证统一起来，使学生真正感受到音乐艺术的"美"。开设音乐课可以指导学生在生活中扬美驱丑，美化心灵，使自己成为具有审美观念和高尚艺术修养的人。此外，美术是一条导向美的殿堂的通道，是学校进行美育的重要学科之一，各种有价值的美术作品，无论是形象地表现自然美景，还是典型的描绘社会生活、鲜明地刻画人物的性格，都可以使人们从它的形象和色调上感受美，从而体验到愉快或其他健康的情感，加深对生活的认识，激发对生活的热爱。以美成人的美育，应在课程设计和课堂教学方面从教育目标、教育内容和教育形式三个方面进行科学、合理地设置和构建。

1. 注重教育目标的全面性和层次性

从理论上来考察，美育的目标可分解为相互联系、相互渗透的两个层次：表层是传递审美知识，提高人的审美感受能力和审美创造能力，培养与此相关的感知力、想象力、理解力等能力素质；深层是对人的精神世界的陶

冶、对心理结构的重建，乃至塑造健全的人格，促进人的全面发展。美育目标任务的实现是一个由浅入深、由部分到整体的过程，培养学生的健全人格是美育的终极目标，也是美育课程的教育实质。美育不是早就熟练运用技能的艺术家，现代美育不能仅仅停留在表层的审美知识和审美能力的层面上，而应该让学生通过这些内容的学习拓展知识背景和思维空间，获得基础性的文化知识、价值观、认识论和方法论，使学生的知识范围和思维空间不至于仅仅局限于专业知识和方法论的层面，应使学生的人格获得宽厚的文化底蕴。美育是对整个人的教育，美育已发展成一种以各种美和各种艺术（内容）通过各种审美活动（中介）和美感体验（接受）的综合育人活动，是对人的整体性教育，关注人的整体素质的提高，既可以提高审美能力，陶冶道德情操，也能够开启心智之门。因此，美育课程是在追求真善美和谐统一上的人格教育，是在关注人的整体素质和个性自由全面发展上的素质教育。

在教学中，我们要建立逐层深入的教学目标。从层次性上讲，既要有浅层目标，更要有深层目标；既要有一般性的目标，又要有特殊性的目标；既要有远期性的课程目标，又要有近期性的课程目标。从全面性上讲，不仅要包括知识性目标，还要包括行为的、情感的、认知的、结果的、体验的、表现的等目标。科学、合理的教学目标的确立有利于教育的有计划、有目的地开展和实施。教师不仅要传授审美领域的相关知识，更要注重引导学生进入艺术所营造的审美境界之中，体味灌注其中的浓郁的审美情感，接受美的感染和陶冶，更要着力培养学生的人文精神，促使他们完善自身的个性结构，实现全面发展。

2. 注重教育内容的系统性和科学性

美既有相对共通的标准，同时也因个体的个性特点不同而呈现出不同的特点，因此对个体的美的教育，也要在普及共性美的标准的基础上，针对不同个体的审美接受机制和个性特点开展，教育帮助学生树立正确的个性发展观。

将系统性和科学性的原则落实在审美教育内容设置上，就要建立系统的课程体系、教学计划。首先，在课程内容的选择方面，教育的目标并非在于让学生获得专业性教育要达到的某个科目或领域类别的知识体系及结构化了的知识要求，而是在于让学生通过这些内容的学习拓展知识背景和思维空间，获得基础性的文化知识、价值观、认识论和方法论，使学生的智性思考获得独立性，唤醒学生的审美意识，提高学生的审美能力，使其人格获得宽厚的文化底蕴。其次，教学内容的选择应重在突出文学艺术门类课程。具体来讲，文学艺术课堂教学主要包括文学、音乐、美术等学科，理论知识主要包括文学和美学的基础理论、艺术理论、文学艺术史和其他相关的文学艺术常识。学生通过基础理论知识学习，能够了解文学、艺术中的美的原则和各类审美范畴，可以懂得美的存在形态以及人类审美活动的过程。审美活动使学生进入一个属于个人的审美世界，并能够从中获得巨大的审美愉悦和享受，不进行具体的审美活动，是无法获得美的。而课堂活动就是审美活动的一个途径，学生在课堂的实践活动中，思维最为活跃，能够不再面对教学活动中由于知识程度上的差异而产生的师生交流障碍。课堂活动所涉及的是学生更为广泛的学习兴趣、情感体验，以及观察能力、想象能力、创造能力、实践能力，这为审美教育开辟了广阔的前景。

3. 注重教育形式的互动性和多样性

人是能动的、自主的，具有选择和自我教育的能力。人的自我意识在自身人格发展中发挥着组织者、推动者的作用，影响并塑造着人格品质结构的其他成分和这些成分的相互关系，制约着个人行为。任何外界的教育影响都必须通过受教育者内在积极性的发挥才能起作用。充分调动受教育者的自主意识，激发其在课程教学过程中的自我建构、自主建设的积极性，既是美育功能发挥的保障，更是受教育者主体人格发展的核心要素。传统的美育课程以知识传授为主要形式，然而，枯燥、晦涩、抽象的讲解分析，不应属于美学课程，美育不仅需要美学理论的指导，还要与教育学、艺术理论及实践紧密联系，它是一门将理论与实践融合在一起，以感性形象的方式作用于人的情感世界的课程。美学课程不同于一般的单纯欣赏，它要揭示美的规律，介绍美学知识，并且要达到一定的深度，具有一定的理论性和系统性。美学课程也不同于一般的专业课程，它还要借助艺术作品的独特性来启迪学生、感染学生，使课堂不仅成为传播知识的场所，而且成为陶冶心灵的圣地。

因此，高校的美育课程从形式上来讲要充分具备互动性和多样性，以吸引学生的注意力、激发学生的学习兴趣。一方面，要注重教育过程的互动性。教育的过程本身就是一个师生双方思想和情感的交流过程，美育教师应该创造一种人格平等、关系融洽、情理交融、生动活泼的教育氛围，进而充分调动学生的积极性、主动性和创造性，致力于启发学生展开丰富的想象，激发其审美创造力，提高学生对教学内容的理解能力。教师在教学过程中应

帮助学生把握审美对象，从感染、欣赏、探索诸方面引导学生认识具体作品的艺术魅力，并在教学过程中给予学生恰当的激励、赏识、理解和帮助，努力创设一种和谐、愉快、民主的情景氛围，多给学生提问、回答的机会，注重讨论式和启发式的灵活化课堂教学，注重师生间的交流互动。另一方面，在授课的手段上，教师应结合文学、艺术课堂的授课内容，充分发挥多媒体、网络的灵活性、丰富性、实时性等特点，运用多媒体技术，将音频、视频、图片等综合运用到课堂中来，使教学中涉及的艺术作品直观、形象地呈现在学生面前，色美以感目，意美以感心，使学生仿佛置身于艺术殿堂，以此来激发学生的学习兴趣，发挥学生的联想力与想象力，并把它们和审美的感性特征结合起来，有效地把审美的理论教育与学生的审美体验、审美素质的培养有机地结合起来，充分调动学生的积极性，提高学生的审美兴趣，促进学生的人格养成。

（二）特殊载体：教师的言传身教

特殊载体是指在美育的过程中对学生的人格养成、完善起到相对特殊作用的教育载体。教师的言传身教是指拥有健康人格的教师，以其真才实学、真情实感、真知灼见等为学生所认可和赞同的思想、道德、意志等内在品质，是一种对学生产生的具有同化和影响作用的巨大吸引力，是教师的才、情、智、气质、能力、品质、语言等各方面感染力的综合，是教师的内在品质的外在表现。教师的言传身教对学生的人格培养起着至关重要的作用，是以美成人的学生人格养成的特殊载体。

教育是人与人心灵上最微妙的相互接触。乌申斯基认为，只有人格才能影响到人格的发展和规定。青年学生正处于世界观、人生观、价值观形成的关键时期，他们的身心发育具有复杂化、多向化的特点。教师作为他们学习与跟随的对象，其一言一行都对学生有着不可忽视的影响力，甚至成为他们模仿的样本。教师的世界观、品行、生活状况及他们对每一事物的态度，都这样或那样地影响着全体学生。可以说，教师的人格是一种影响学生的后天环境因素，可以对他们人格的发展起到一种长期的、潜移默化的作用。苏霍姆林斯基说："能力、志向、才干的培养问题，没有教师个性对学生个性的直接影响，是不可能实际解决的。"[1] 吴季松也认为，即使在知识经济时代，

---

[1] 魏姜涛，左光霞. 随风潜入夜，润物细无声——浅谈教师人格对学生成长的影响[J]. 高等函授学报（哲学社会科学版），2008（12）：103-105.

教师依然是教育的第一要素。创造性思维要通过与教师高素质的交流获得。因此，承担着"传道、授业、解惑"使命的教师，绝不仅仅是知识的传授者，更应该责无旁贷地以自己的言传身教影响、指导学生，成为学生的人生导师。对教师来说，观念更新、知识丰富、技巧高超、方法熟练，都无法取代他们具有审美价值取向的人格力量。

教师的人格魅力是一种特殊的教育力量。在培养学生的思想品德、行为习惯、美学修养、人格素质等方面，教师的言传身教起着至关重要的作用。历史上许多的杰出人物在功成名就后，都念念不忘他们求学时代的教师，甚至是孩童时代的启蒙教师，在他们成长过程中给予的指点和帮助，他们都铭记于心，特别是他们对教师高尚的人格所散发出来的无穷魅力无比崇敬。因此，在教学实践中，我们要重视教师的重要作用，重视教师的人格力量的教育作用。

1.良好的性格特征

性格是人格中的核心因素，是表现在人对现实的态度和行为方式的比较稳定的独特的心理特征的总和。性格类型是指在一类人身上所共有的性格特征的独特结合，一般从内倾—外倾和稳定—不稳定两个维度来进行划分。例如，主动、善交际、开朗等属于外倾性格，相反，孤僻、沉思等则属于内倾性格；镇静、可信赖等属于稳定情绪，而心情易变、焦虑、易激动等属于不稳定情绪。通常，在教育过程中，不同性格类型的教师要注意结合自身的性格特点来教学，如外倾类型的教师宜采用说服教育法和实际锻炼法，内倾型的教师则更宜采用榜样示范法和情感陶冶法。总体上来说，作为教师，其职业的特点往往要求教师具备稳定的情绪，以及热爱学生、勤于学习、亲切待人、诚实公正等的性格品质。教师要在政治思想、个人品德、价值观念、行为习惯等方面，为学生树立榜样，要知行统一。教师只有以身作则，为人师表，学生才会有法可效。在具体的教育实践中，教师要做到：有良好的政治素养，能够坚持正确的政治方向，能够在社会发展的关键时期在学生的培养中起到为学生导航的作用，能够具有较强的政治鉴别力和敏锐性；为人正直、正派，这样的教师具有正确的世界观、人生观和价值观，他们能够用自己的浩然正气来影响学生、感召学生。教师个人的示范，对青年学生的心灵来说，是任何东西都不可代替的最有用的阳光。

2.和谐融洽的师生关系和较强的协调能力

和谐融洽的师生关系在教学过程中发挥着特殊、奇妙的作用，它有利于教师对教育教学的开展，它像一根彩带拉近了师生心灵的距离，使学生的学习动机由单纯的认知需要上升为情感需要，使教师的工作动机由职业需要上升为职责需要。因而，教师要以爱为本、对学生多一点尊重和信任，爱心是和谐师生关系的基础，尊重和信任则是沟通师生情感的桥梁。教师还要发扬民主，注重学生个性，多一点欣赏学生的眼光。此外，建立良好、融洽、和谐的师生关系也需要教师具有较强的协调和管理能力。具备良好师生关系和较强的协调能力的教师，在教育教学活动中表现为愿意与学生多交往、多沟通，与人相处多表现出真诚、尊重和信任的积极态度，能够得到学生的尊重、认可和接纳，有利于帮助学生形成健康的人格。学生和教师之间交流信息、联络感情、互相激励，能够形成和谐融洽的师生关系，从而形成合力。因此，教师不仅需要成为传授知识及技能的"名师"，更要与学生成为朋友，加强学术及感情交流，在治学、交际、待人处事等方面影响及引导学生。学校的管理人员也要树立育人意识，加强服务意识，充分尊重教师，充分尊重学生，加强沟通和了解，全方位构建校园和谐的人际关系，使学生在人际交往中得以充分体验美、感受美，从而营造学校朝气蓬勃、奋发向上的良好氛围，促进大学生身心健康成长。

3. 良好的自我调控系统

自我调控系统是教师完美人格中不可缺少的部分，它表现在积极正确的自我认识和对他人的认识、良好情感及其调控能力、坚韧不拔的意志力三个方面。能够正确认识自我的教师，能恰当地评价、接受自己和他人，能控制和掌握自己的命运。有同情心、有热情及其他良好情感的教师往往有良好的师生关系，他们在教育教学实践中，能够热情、真诚地对待学生，能够激发学生的创造精神；而具备良好的情绪调控能力的教师不仅能够及时合理地排解自己的消极情绪，也能引导学生的情绪、情感，为成功的教育创造健康的环境。有坚韧不拔的意志力的教师能够在烦琐的工作面前不退缩，也能够理智地对学生保持耐心、和谐的态度，并为学生树立良好的意志品质榜样。

此外，良好的创新意识、实践能力以及不断学习的能力，也是教师以人格魅力为基础的言传身教功能发挥的保障。作为培养社会主义建设者和接班人的教师，应当具有创新意识，体现在教学实践中，就是要不断改革教学方法，主动研究学生特点，启发学生思维，创造性地完成教学任务。同时，作为人才培养者的教师，要勇于接受新观念、新知识，要主动向他人甚至是学生学习，不断充实提高自己，使自己具有广泛渊博的知识，用自身的学识来吸引学生。

从上述的分析，我们不难看出，教师的言传身教在教育教学过程和实践中，对学生起到了一种特殊的潜在的影响，是学生既"无形"又"有形"的榜样。因此，教师的言传身教是大学生美育与人格素质教育的特殊的载体。

（三）新的载体：网络平台

20 世纪 60 年代以来，互联网越来越广泛的应用使得现代社会进入信息网络的时代，信息网络日益渗透到人类社会生活的各个方面，深刻地影响着社会经济、文化、教育、科学和人们的工作、生活和思维方式，它既传播信息，又传播思想，而且影响着人们的世界观、价值观和精神状态。大学生是一个庞大的网民群体，是我国网络用户的主体。网络技术的迅猛发展也影响了当前的教学模式和学习模式，所以高校审美课程的建设，也应该积极利用网络这一平台，使其成为开展审美教育的新载体。具体而言，网络这一新载体的运用主要体现在网络艺术教育课程、网络艺术氛围营造和网络艺术互动平台三个方面。

1. 网络艺术教育课程

网络课程是网络时代出现的一种新的教学资源，它是通过网页表现，通过网络来使用的，不受时间和空间的限制。网络课程是按一定的教学目标、教学策略组织起来的教学内容及实施的教学活动的总和，它存储在网络服务器中以网页的形式呈现给使用者，支持学生自主式学习、协作式学习等先进的学习方法。网络艺术教育课程，一方面，为学生提供了便捷的学习系统，只要有一台电脑或一部手机，学生可以随时随地学习学校的艺术教育课程；另一方面，为学生提供了形象的教育内容，利用网络和现代科技优势，可以使各种不同的艺术作品得到形象直观的展现，各种古代珍品、音乐、戏剧等不同风格的艺术都能以虚拟的方式得到充分展现，因而网络课程教学的审美化设计可以对学生的美育起到事半功倍的效果。

2. 网络艺术氛围营造

网络具有信息量大、信息更新及时、信息资源共享等特点，人人都可以

成为网上信息的提供者、获得者和拥有者，社会任何群体和个人都可以通过网络实现信息资源共享。网络的艺术信息主要包括以下两个方面。第一，在网络的形式上，网站在自身建设、网页设计开发时就应该赋予形式美，网页色彩搭配、内容结构与链接的新颖性都体现出人的创造力和想象力；第二，在网络内容层面上，网络内容一般也会按照美的规律来建设，尤其是校园网，校园网络上的信息内容经过相对严格筛查，带有较强的主导倾向，能够引导学生的网络艺术教育活动。比如，学校可以在学校主页上开辟教育专栏。在内容上，应覆盖文史哲、艺术、中外文化的精品和自然科学的基本知识；在形式上，用声、文、图、像的综合表现力来表达教育内容，增加信息容量。

3. 网络艺术互动平台

网络支持的是一对一、一对多、多对多等多种交流模式，因此，它有着传统媒介所不可比拟的优点，可以为师生提供更广阔的交流学习的互动空间和机会，学生既可能是信息的接收者，也可能是信息的发布者，其核心在于参与，它实现了不同主体之间的交流。网络的交互性使师生之间的关系发生着微妙的变化，教育者与学习者的角色在交流中不断转化，大大促进了人与人关系的和谐。在教学过程中，学生通过网络接收教师传来的教学信息，并将反馈信息即时传回给教师，教师根据学生的反馈信息，对他们的学习做进一步的指导，有意识地引导学生欣赏美、认知美、感受美，并通过美的熏陶，调节自身的情绪，增强自尊、自信的精神，完善人格。

综上，网络以其便捷性、丰富性、交互性等特点，在学校审美教育课程建设中发挥了不可替代的作用，包容了课程教育、文化熏染、师生互动等多个教育载体，是学生美育的一个重要的新的载体。

第二节　高校审美教育课程建设的原则

一、目标性原则

课程内容是为实现课程目标而存在的，课程内容的选择要依据课程目标来进行。因此，我们有必要先对高校公共审美教育课程的目标进行分析和梳理，以便选择适宜作为高校公共审美教育课程的内容。高校公共审美教育课程目标是根据高校公共美育目的制定的，是高校公共美育目的的具体化。《关于全面加强和改进学校美育工作的意见》对各阶段审美教育课程目标进行了阐述，指出："普通高校公共审美教育课程要依托本校相关学科优势和当地教育资源优势，拓展教育教学内容和形式，引导学生完善人格修养，强化学生的文化主体意识和文化创新意识，增强学生传承弘扬中华优秀文化艺术的责任感和使命感。"可见，高校公共审美教育课程的目标在于传授基本的美学与美育知识，提高审美能力，树立正确的审美观，实现感性世界与理性世界的和谐，最终实现人格的完善；同时，要结合学科优势和地方教育资源优势，丰富教学内容和形式，强调传统文化的传承。

二、美学为基础原则

各种教育都有自己所要实现的教育目标，各方面教育目标的达成，才能真正促进学生的全面发展。美育目标的实现，也是全面发展的重要组成部分。美育自身所应具备的目标是提高学生发现美、感受美、鉴赏美、创造美的能力，使学生的感性世界得以发展。美学理论知识的学习对学生树立正确的审美观、审美能力的提高和感性世界的发展起到了重要作用。

首先，美学基础知识的学习，对人的审美活动具有指导意义。从认识论和学习心理的角度来看，只有在理解了事物是什么的前提下，才能对事物进行进一步的认识。因此，只有在认识了什么是美，什么事物才算是美，美的事物有哪些等一系列问题的前提下，才能使学生形成正确的审美观。其次，对美的本质了解有助于学生自身审美观的形成。美学所研究的对象是美、审美对象、审美主体，以及审美主体与审美对象的关系。其中，美学对美的探讨由来已久，美的本质一直是美学研究的主要课题。但决定事物是否是美的，往往取决于审美主体的感受。因此与其他科学不同的是，还没有人能够对什么是美这一概念进行准确的定义。虽然至今仍无定论，而且可能永远也没有统一的说法，但是从古至今学者对美的认识都有其正确性，了解这些不同的观点也可以使学生从不同的角度认识美，最终形成自己对美的认识。

美学知识的学习有助于人发现美、鉴赏美和创造美的能力的发展。首先，对美的形态的认识，有助于提高人发现美的能力。美学的基础知识包括了对美的形态的认识。美的形态包括了自然美、艺术美、社会美和科技美等，对这些美的形态的了解，可以使人对美的事物的范围有更加清晰的认识，拓宽人对美的事物范围的界定。可以说美存在于各个方面，它无处不在。对美的这种认识，有助于人们发现生活中美好的事物，提高人发现美的能力。其次，美学理论的学习，有助于提高对美的鉴赏能力。在鉴赏美的互动中，不仅包括了对美的欣赏，还要对其进行品鉴，也就是对其进行批判，进而形成自己对事物美的认识。美学理论是对美的事物所存在的美的规律的研究，它是评判事物是否为美的标准。美学理论可以为批判提供理论依据和专业语汇，从而提高人鉴赏美的能力。最后，美学理论的学习有助于创造美的能力的发展。人的生活就是不断创造，科技的创造、知识的创造、文化的创造，正是创造使社会不断地进步。人不仅按照美的规律来创造事物，还按照美的规律不断创造自己，学着去塑造自身的形象美和内在美，不断地完善自己。而美学理论的学习，有助于人们对美的规律的把握，提高人创造美的能力。

三、乐中施教原则

美育是使人"乐"的教育。孔子说："知之者不如好之者，好之者不如乐之者。"当人们"乐在其中"的时候，他陶陶然，融融然，在不知不觉中欣然受教。古罗马诗人、文艺理论家贺拉斯在《诗艺》中也提出"寓教于乐"的美育原则，指出诗可以带给人乐趣和益处，也可以给人以劝谕和启迪。的确，美给人以感官愉悦的满足，能激荡人的情感，人们倾心赏美，因而乐意受教。人的审美愉悦性的来源不只简单地决定于审美对象，它还有人对自己智慧与力量的肯定。因此，在美育活动中，受教育者常常处在一种喜悦的心理状态与精神状态，产生强烈的情感体验，并获得极大的审美享受。这种愉悦性是感染人、启发人、吸引人去参与审美、参与美育的重要因素。

美育的乐中施教原则，是指在对大学生进行美育过程中，根据教育的目的、结合大学生的审美特征，有的放矢地对学生进行审美教育，把大学生单纯的生理愉悦转变成渗透着理性的高尚情操的原则。这种寓教于乐、以乐促教的教育方式是审美教育得天独厚的优势。在美育过程中，我们要坚持乐中施教原则，要将愉悦教育和形象教育贯穿教育的全过程。

将愉悦性贯穿到大学生的人格养成之中，可以弥补美育工作中硬性说教的枯燥和抽象乏味的弊端。因此，在大学生人格养成教育过程中，教师要注意激发学生的兴趣和能动性，变消极被动为积极主动，借助美育的手段，让学生在生动形象、意义深刻的活动过程中受到教育，这样做往往能取得事半功倍的效果。

要实现将愉悦性融入大学生的人格养成教育中，首先，从教材到教育活动过程，从教师的教导到活动环境都应具有愉悦、有趣的特征，这就要求教材的编写既要有一定的思想深度，又能生动地结合大学生实际，不要空谈大道理。此外，美育教学力求形式多样，可以采用辩论、演讲、讨论等方式，还可以利用现代化教学手段，抓住大学生的热点问题去讨论。教师在其中始终要注意启发和引导，个别教育要发扬民主，尊重个性。其次，在以美成人的美育工作中，教师可以设计一些适合大学生的活动。例如，让学生欣赏充满道德、国情的影视作品；在文艺会演中，鼓励学生自编自导一些反映学生自己生活的故事；举办一些主题积极向上的学生原创歌曲大赛、绘画大赛等，让学生在对美的欣赏和创造中，在自我沉浸与陶醉中，伴随着相应的情感发展的体验，实现美的意识自觉，使人格得到丰满和升华。

四、因材施教原则

美，说到底是人的一种主观感受，审美是主体性的审美。不同的审美个体在不同的生理和心理机构的基础上，形成了不同的审美需要、审美能力和审美价值取向，每个人对美的理解和认识都各不相同。因此，在开展美育的过程中，我们要尊重这一基本规律，坚持因材施教原则。美育中的因材施教原则是指在美育过程中，根据大学生能力、性格、志趣等具体情况施行不同的美育，从而使大学生的人格能够自由、和谐地发展。

尊重大学生审美个性倾向对促进个体完整人格的构建具有重要意义。从教育学的角度来看，因材施教原则表现出了对大学生主体地位的充分尊重及个体身心智能差异的科学态度，以及对学生的后续发展预留了一定的空间。从教育教学的角度来看，因材施教原则从学生实际出发，针对学生的不同特点，区别对待、有的放矢地进行教育，可以使学生按照不同途径、不同条件和方式，取得最佳的教育教学效果。因材施教原则是学生身心发展规律在教育教学中的反映，是符合大学生人格发展规律的基本原则。

在以美成人的美育中，我们可以从以下几个方面来贯彻因材施教原则。

首先，准确定位，从实际出发进行美育。在对学生进行美育前，我们首先要了解学生，了解他们在哪些方面比较擅长，在哪些方面还存在差距，对学生的审美认知水平进行准确的定位，真正做到把好每个学生的"脉"，帮助他们了解自己的审美情况，认识他们自身的优势，从而调动大学生学习的积极性，帮助他们树立取得成功的信心。

其次，针对学生的个性特点，设计最佳方案，使其个性得到充分发展。在美育过程中，教育者要对学生的一般知识水平、接受能力以及每个学生的爱好、兴趣、身体状况等方面做充分了解，以便从实际出发，分别设计不同

个性特点学生成长的最佳方案，有针对性地进行美育。

最后，正确对待个别差异，激发学生的学习兴趣。在以美成人的美育中，教师要充分尊重大学生的需要、兴趣和各方面的才能，使学生在美育过程中，找到自己最喜爱、最擅长的领域，并在这一领域中深入下去。在这一过程中，教育者必须要对所教学生有详尽的了解，最大限度地掌握学生的兴趣所在，不失时机地引导、鼓励学生，以增强他们的自信心，激发学生提高自我美育的主动性。只有能够激发学生去进行自我教育的教育，才是真正的教育。在美育中，只有认真贯彻因材施教原则，才能有效地培养学生审美的兴趣，提高学生的审美能力，促进学生个性的协调发展，从而建构和谐人格。

五、理论与实践相结合原则

教育是一种教师的教与学生的学相结合的实践活动，强调其在实施中的实践意义。课堂教学多将学习分为两种，一种是理论知识的学习，一种是实践活动的实施。这两种学习的主体都是学生，但教师在其中的地位有所不同。在理论知识的学习中，教师是主导地位，学生多是汲取的状态。在实践过程中，教师只是辅助的作用，在学生困惑和犯错时给予指导。学生是实践活动的主体，通过自己的练习和感受巩固已学到的理论知识。这是学习必不可少的一部分，因为只是通过教师的讲授无法达到好的教学效果，只有通过实践活动的进行才能实现对新知识的理解与巩固。理论知识的学习与实践活动的进行之间并不是单一的指向性关系，而是一种循环的状态，理论知识是实践活动进行的基础，同时实践活动是对理论的进一步验证，通过实践得到的结论可以进一步丰富理论知识，这是一个循环往复的过程。因此，在课堂教学中，理论知识和实践活动这两者缺一不可。

审美教育的目的是培养人的审美能力，促进情感世界的发展。审美本身是一种实践活动，审美实践必然是审美教育课程中最重要的一部分。感受美、发现美、鉴赏美和创造美的能力的培养，都需要通过对大量美的事物的欣赏才能实现。审美实践活动主要包括了对事物的鉴赏和审美创造，审美鉴赏需要欣赏者对审美对象不仅要欣赏还需要做出评判，审美创造则需要人们发挥创造力，在自己经验的基础上萌生新的想法或产生新的事物。对事物的鉴赏和创造都需要建立在一定的理论基础之上。理论是对事物产生和发展规律的总结，只有掌握了事物为美的标准，才能对其进行审美判断。同时，审美实践也是对理论知识进一步的验证，实践能够加深学生对理论知识的理解。在进行美育内容的组织时，我们要考虑到理论与实践相融合。

六、结合地域文化特色和优势学科原则

在进行课程内容的选择时我们还要考虑到各个学校不同的情况。高等教育与其他教育阶段相比，具有更强的自主性。学校可以根据自身专业特点和地域特点进行课程的建设，选择学校所处地域具有特色的文化，充分发挥地缘优势。地方特色文化资源丰富，发展成熟，如北京的京剧、四川的川剧、陕西的剪纸等，都是具有地方特色的文化形式。这些文化在地方上历史悠久，资源丰富，艺人众多，为教学提供了便利。这些具有艺术特色的传统文化，应该作为高校公共审美教育课程内容的一部分，以促进高校公共美育的发展。

高校也要根据自身优势学科选择审美教育课程内容，并充分利用师资、教学设备等优势资源。审美教育课程本身就是综合性较强的课程，高校可以将自己的优势学科与美育相融合，设置跨学科的审美教育课程。这样的课程既有学校特色，又与学生专业课程相联系，可以使学生发现本专业领域的美，提高他们对所学专业的兴趣。在非综合性的大学里尤其如此，学校设置的专业大多是一个门类，如政法大学、财经大学、医学院等高校，我们有必要结合学校自身学科优势有针对性地设置审美教育课程。

美育作为教育的一部分，应承担教育文化传承和传播的使命。地方高校应充分利用所处地区的特色文化资源，推动传统文化的传承和传播。除了以上提到的广为人知的地方传统文化，还有很多濒临消失的优秀传统文化，这些文化亟待挽救。高校具备传承和传播文化的功能，我们应充分利用这一优势，来推动地方传统文化的发展。美育与其他教育形式相比，在传统文化传承上更具优势。传统文化多是艺术形式的文化成果，艺术是审美教育课程的主要内容，在美育中占据着主要地位。道德教育、智力开发教育和体育分别是针对人的智能、道德和身体的教育，与专门进行审美教育的美育相比，传统文化在其中只能作为附属品。因此，高校公共美育具备传承和传播传统文化的优势，并应将传统文化作为其内容的一部分。

七、审美教育课程内容综合性原则

美育本身具有综合性的学科性质，是美学、教育学、心理学、社会学、人类学等多个学科相交叉的学科，有利于课程综合化的实现。高校审美教育课程作为面向全校学生开设的公共基础性课程，在高校审美教育课程内容的选择上也应该更加综合化，高校审美教育课程内容的综合性体现在以下几个方面。

第一，时间的综合。首先，高校肩负着创造知识的使命，只有对教授

的知识进行随时更新，学生才能了解最新的动态，把握文化发展的趋势，才能更好地进行知识的创新。高校教育同时也是为学生进入社会所做的准备工作，要选择当今最新的内容，避免教授内容与社会实际相脱节，造成大学生无法适应社会生活。其次，高校公共审美教育课程内容过于陈旧，会使美育与现实生活相脱节，无法激起学生的兴趣，也不能引起学生的共鸣。选择具有时代性的美育内容，有助于学生将学习到的知识与现实生活中的实践相联系，从而提高教学效果。最后，人类历史创造了灿烂的文化成果，高校肩负着文化传承的使命。人类出现至今留下的文化成果数量庞大，学校需要在其中选择最有价值的经典的文化作为课程内容。学生的时间和精力都很有限，因此教师更要有选择性地传授学生人类文明中的精华。

第二，空间的综合。现今世界各国交流频繁，教育处在多元文化的背景之下。高校审美教育课程内容也不应该只限于中国文化的传播，也要涉及对其他国家文化的了解。这样可以开拓学生的视野，加强对各国、各民族文化的理解，培养他们拥有国际化的视野。

第三，学科的综合。首先，美育与相关学科知识的综合，如美学、教育学、心理学、社会学等。其次，美育与其他学科的综合。跨学科审美教育课程的设置，有助于学生学习的迁移和不同知识之间的贯通，有助于学生从多个角度认识所学知识。

第四，艺术理论知识的综合。艺术作为美育的主要内容，在进行艺术学习时，应综合美学、艺术史、艺术批评等知识。

第三节　高校审美教育课程建设的创新发展

一、优化美育课程教学内容

（一）深化审美教育理论研究

审美教育不是一个封闭的系统，而且审美教育也是在整个学校教育过程中不断渗透实现其思想理论与行为方式融合的。因此，审美教育系统的有效运行离不开学校系统教育。

所以，有效运行审美教育系统，则需要学校系统教育的支持。在实施时，高校要依据社会教育的发展，对审美教育的教学措施进行调节，进而把审美的各个因素有效利用起来，以实现最好的成效。所以，深化审美教育理论的研究作为理论基础，一定要居于首要位置。

1. 深化审美教育理论研究，要适应社会发展的需要

社会实践对审美教育的要求是审美教育一定要根据社会实践的要求进行，同时，也要转为自己的自觉活动。从现实情况来看，社会主义现代化建设以及物质文明和精神文明建设的伟大实践，对审美教育的要求是，要服务、培养全面发展的人。审美教育的社会目标和方向是培育全面的人才。与此同时，实施审美教育就是约束教师，给学生进行审美教育，并且，学生和参加审美教育的每个环节都要确保正常有效地运行。提高审美，还包括培养审美创造能力，这也是社会所需要的。在此需要注意的是，这样的势头不可超越学校审美教育和活动的承受范围，要保证审美教育活动在自主的学校教育范围内有效实行，并使其成为研究审美教育的调节力和推动力。

2. 深化审美教育理论研究，要以教育整体为依托

高校审美教育作为高校教育的一个子系统，需要与其他教育紧密相连，以构成一个完整的系统。并且，在这个系统中，我们要保证审美教育与共同目标的有效融合。从教育体系的运行来看，审美教育是整个系统活跃的重要部分，而且也是必不可少的依赖。审美教育依托于其他教育活动，在学校实施教育活动的时候，教师要把学生的道德理论实践性、行为能力、审美价值、智力发展逻辑思维方式，以及审美素养和知识结构都提升上去。审美教育在学生的审美情感升华和情感净化上起到了一定的促进作用，同时也为劳育和体育提供了一种意志力和精神支撑。同时，运动技巧和操作技能也给审美教育带来了感性条件，这对提高学生审美素质起到了一定的帮助作用，同时也为培养审美创造力打下了坚实的基础。

高校审美教育既要符合社会需求，也要得到教育系统和学校教育的支持，同时，自身因素也要得到审美运行机制的调节。所以，需要强调审美教育有效运行的内在机制，主要包含审美教育的施教者（教师）、受教者（学生）以及审美媒介、教学过程，其中，处于课堂教学主体的是受教者，所以，只有学生积极地自我调节，与审美教育的实施相配合，方能确保达成最佳效果。然而，在教学中，教师最主要的工作是调节学生和课堂之间的关系，保证学生可以感受到审美价值以及素养对自身发展的重要性。这样一

来，教师需要了解学生的审美需求和审美能力，降低他们和因为与教学内容不协调而导致的矛盾。在教学中，教师要选择合适的教育目的和教学方法，以适应学生的审美需求和审美能力，这样方能实现因材施教的审美教育，保证学生在教育中通过审美媒介积累审美经验，从而提升审美能力。

审美受教者也要对审美教育目的有一定的了解，包括审美媒介的性质和实施教育的要求，并且受教育者要依据自己的审美需求和能力，通过观照和操作去感受、体悟审美媒介的审美价值，从而可以把审美经验唤起来，进一步落实并实现审美教育目的。有显著效果的审美教育，要思考教育者不同的个性和丰富多彩的审美媒介，以及基于此而出现的审美教育情境的多角度的变化，所以，教师要依据现实情况，采用比较灵活的方式，对审美教育的系统活动展开调节，让其有效运行，不可停留在固定模式中，让其丧失活力和运行的有效性。

（二）加强审美教育课程体系建设

1. 科学定位审美教育课程目标

学校审美教育课程建设的主体是艺术课程，所有的学科都互相渗透融合，对学习基础的审美教育知识要给予足够的重视，课程的综合性也要进一步增强，并且实践活动环节也要进一步强化；要以培养人文素养与审美为核心，重点培育创新能力，对学校的审美教育课程目标进行科学的定位。特殊教育学校审美教育课程要依据学生身心发展的特点与水平，把他们的特长和兴趣培养出来，重视潜能的发展，将艺术和职业技能培养相互融合，为学生步入社会、健康快乐生活打下扎实的基础。职业院校审美教育课程要进一步加强艺术实践，重视与专业课程的有效融合，把具备审美修养的高素质技能技术人才培养出来。普通高校审美教育课程要基于本校相关学科优势和当地教育资源优势，拓宽教育教学的形式和内容，并给予学生一定的引导，使他们能够完善人格修养，加强传承弘扬中华优秀文化艺术的责任感和使命感。

2. 完善审美教育课程建设

审美教育课程的建设要进一步加强，就要对审美教育在课程设计上的有效性、科学性展开具体研究，争取达到规范性、针对性、系统性的有机统一，从而实现教学方式和目标、课程设置以及考核办法的内在统一。笔者把适合于普通高校的"扇形模块"审美教育课程体系建立起来，可以使得审美教育贯穿于学生的第一至第三课堂。具体来说，就是将审美教育理论课程作为必修课把第一课堂的基础打扎实，审美教育鉴赏课程作为选修课来给第一课堂做补充，审美教育实践课程作为创新载体把第一至第三课堂丰富起来，从根本上把大学生的综合素质和人文素养提升上去。

（1）美育理论课程

此课程处于扇形底部的端点上，是最基础的部分，主要解决的问题是：什么是美？为何要审美？怎样审美？上述这三个问题是大学生了解人文知识和提升美育理论的普及课程。我们可以参考教育部推荐的重点教材，并将其与普通高校的专业特色以及实践经验相结合，把相关的理论课程开展起来，使其成为所有学生都适用的必修课。

（2）美育鉴赏课程

此课程支撑并拓展了扇形模块，是纯理论走向详细具体的审美途径。例如，开设的鉴赏课程——"影视鉴赏""书画鉴赏""音乐鉴赏"等，作为第一课堂的延伸，学生可以依据自己的喜好进行选择，选择其中的一门或者是几门为选修课。

（3）美育实践课程

课程体系的最终目标以及重要环节便是美育实践方面的课程，同时，美育实践课程也将课堂教育进行了拓展延伸。这个实践范围包含艺术课程自身，如观看艺术展演、聆听音乐会、参观书画展览等；与此同时，第二、第三课堂也应该在其范围当中，把校园文化、社会实践等多种载体利用起来，有效结合大学生的专业学科背景，并进行实践活动，如举办文艺会演、书画摄影比赛、知识竞赛等；依托学校团结组织的力量，把一些节日（青年节、母亲节、教师节、重阳节等）充分利用起来，或者以不同时期、不同主题的党建活动、团日活动作为载体，进行全范围的渗透，让学生基于理论基础去体会、深化以及运用美育元素，达到润物无声的教育效果。

3. 深化学校美育教学改革

依据国家规定的不同学段审美教育课程所设置好的方案、课程标准和内容要求，切实强化美育育人目标，教育的内容也要根据社会文化发展的新变化随时进行更新。深化学校美育教学改革，需要把当地的民族民间美育资源开发利用起来，进一步把开放的美育平台搭建起来，并且进一步拓展教育空间；形式多样的国家交流和合作也要展开，各级各类学校也要依据自身所具备的条件及特点，积极参加中外人文交流；基于目前的资源强化学校美育实

践基地的建设，这样一来，我们便能够获得美育综合改革的重要成果，辐射带动作用也进一步体现了出来，从而可以推动学校美育的整体发展。

4.加强美育的渗透与融合

高校要把美育贯穿在学校的整个过程和各个方面，并将其渗透在所有学科当中；要进一步强化美育和智力开发教育、道德教育以及体育的有效融合，并将其与各个学科的科学以及社会实践活动有效融合；要把不同学科所蕴藏的美育资源挖掘出来，把历史、语文等人文学科的美育功能体现出来，并把数学、物理等自然学科中的美育价值挖掘出来；要加大力度开展以美育为主题的跨学科教育教学以及课外校外实践活动，把相关学科的美育内容有机融合到一起，把各个学科教师的优势体现出来，以美育目标为核心，形成课堂教学、课外活动以及校园文化的育人合力。

二、创新美育课程教学模式

（一）构建多元化的审美教育课程模式

1.优化审美教育课程模式

一流大学最不可少的就是美的熏陶和教育。高等院校的美育类课程要构成一个系统、综合且有序的课程体系，在审美教育课程设置上要进一步优化，将其教学效果的重要保障提升上来。通识审美教育课程要改变传统的教育模式，建立多元化的课程体系。

第一，在课程安排和形式上，通识审美教育课程在设置上应该选用公共必修课和选修课有效结合的方式，一方面确保学生都可以修习审美教育课程，另一方面也可以使他们依据自己的喜好和审美需求自主去选择。课程安排指各门课程所设立的具体课时、学分、年级等方面的规定和设计。在安排开设时间时，高校可根据不同年级的特点开设不同类型的课程，对大一、大二的学生开设基础性和导向性的必修课，对大三、大四的学生开设可以满足不同层次需求的课程。在通识审美教育课程体系中，高校可以试着把美育和其他看上去没有太大关联的学科结合起来，将美育和数学、机械、生物等专业有效结合，将美育和法学、哲学、历史等学科有效结合，把各自的优势和特长都充分体现出来，从而使得所有受教者都能从这样的创新美育中获得全新的感受。这种多元化的通识审美教育课程体系，可以让所有的大学生都具备高尚的道德情操和良好的审美情趣。此外，针对选修课，我们无须拘泥于线下的课程，教师可引导学生进行线上学习。教师录制的课程，然后将其放到与自己相关的平台上，学生可以自己去学习。诚然，学生也可以依托目前的线上学习平台，如慕课，里面有丰富的课程，教师可以指导学生选择，也可以由学生自主选择。这样，必修，选修，线上、线下相结合的方式，无疑使美学课程形式更为丰富和多样。

第二，在教育方法上，通识审美教育课程要坚持理论与实践相结合。审美教育目标，一方面要让学生熟悉美的知识，另一方面要让他们在教育活动中把感知和创造美的能力培养出来。传统的课堂只是单一强调理论知识，把学生的主观能动性忽略了，因此并没有达到美育所期待的成效。通识审美教育课程开展的具有趣味性、创造性、自主性、实践性等特征的活动课程，可以让学生体验美，并且创造美。通识审美教育课程需要传授知识，培养技能，转变审美观念，锻炼实践能力。

第三，在美育的教材上，通识审美教育课程的教材需要与现如今国内的培养目标以及学生的现实需求相符。在选择教材内容、组织和编写上，我们首先要注重实用性知识，其次要确保有效传授实践经验。在理论上，美育教材应该浅显易懂，对知识的实用性与可读性的融合要多加重视，要做到在为学生树立健康良好的审美观念上给予一定的帮助，以培养其发现、感知和创造美的能力。

2. 创新艺术人才培养模式

内涵建设是专业艺术院校所重视的，同时，办学特色也要体现出来，专业设置要同社会需求以及艺术前沿进行衔接。创新艺术人才培养模式，要进一步加强社会服务意识，强化实践育人，完善协同育人的人才培养模式，加强培养人才和经济社会发展的契合度，为经济发展和文化繁荣提供高素质、多样化的艺术专门人才；要遵循艺术人才成长规律，促进艺术教育与思想政治教育的有机融合、专业课程教学与文化课程教学的相辅相成，坚持德艺双馨，着力提升学生的综合素养，培养造就具有丰厚文化底蕴、素质全面、专业扎实的艺术专门人才。

（二）推进美育教学团队建设

确保教学可以正常有序进行的前提条件是具有优良的师资队伍，同时，这也是美育课程模式创新的支撑和保障，因此，高校一定要把具备高素质的

师资队伍建设起来，确保课程模式的创新和顺利实施。各高校要与自身实际情况有效结合，把自身的师资特色与优势体现出来，有效结合专职和兼职，以及培养和引进，进修和培训，把有着合理的结构、明显的梯队、良好的协作分工的优秀美育教学团队建设起来。

1. 以专职化、专业化为目标方向，努力确保美育师资队伍的数量和质量

审美教育课程的教师要具备深厚的美学知识和美育专业技能，并将审美化教育观念树立起来，通过现代教学手段提升学生的积极性，通过改进教学方法和丰富教学内容，把教学质量提升上去，通过完善教学和评价体系进一步改善教学效果，并与实际情况相结合，创造性地把课内外教学组织起来。

在高校开展正常的美育，然后深化美育，这一切的前提条件是要具备一定的师资力量。在师资队伍中，最关键的是专职美育师资的扩充，并且他们还要具有专业的背景、水平、素质和技能。与此同时，也要相互取长补短、互通有无，校内各个专业的教师都应积极地参与到美育中，这样就使得教师在把自身专业优势体现出来的同时，可以进一步深层次地了解美育。诚然，学校之间的限制和壁垒也要努力冲破。

2. 以自我培养、自我提高为主要途径，不断提高美育师资队伍的整体素质

如果要实践美育就需要进一步深化、更新知识，这样一来，美育师资队伍需要再次进行学习和提升。主要通过两种方式：第一，将本校的美育教师送去进修培训，专题以及短期进修培训均可，或者长时间的深造学习也可以，主要目的是让教师的教学理念得到及时更新，教学手段也能跟上时代的脚步，做到与时代同发展。第二，把美育方面的专家、学者请进学校授课，这样，美育教师可以增长知识、开阔视野、陶冶情操。

审美教育课程的教师要进一步加强自身的审美修养。当代高等教育对教师的要求是，要具备较高的审美素质，这样才能培养出创新型人才。教师应该注重培养自身的审美能力，全方位地塑造自己。

三、丰富美育课程的方法

方法的含义非常广，通常指的是为了得到某种东西或者是达到某种目的而采用的手段和行为方式。美育方法顾名思义就是为了实现美育目标而采取的方法。美育课程的建设需要美育方法的支撑，但传统的美育方法及形式过于单一，所以丰富美育方法也是高校美育课程创新发展的一个方向。

（一）知识传授法

此方法指把美育的基本知识或者是常识直接通过课堂教学的方式输送给受教育者的一种传递方法，这种方法在大学美育教育中是最基本且最常用的。知识传授法有多种方式，其中主要的有知识讲授法和学习宣传法。下面我们详细来了解一下这两种方法。

知识讲授法是一种使用最多且应用最广的理论教育法。其含义是，教育者通过口头语言把美学理论传授给受教育者的一种教育方法。运用此教育法需要注意的是：讲授内容要正确，所讲解的概念和知识要科学；全面且系统地进行讲解，与此同时，理论和实践所结合的关键点也要找到；采用启发的方式讲解，避免填鸭式和注入式，要循序渐进地引导。

学习宣传法是利用多种传媒或者舆论的方式将美学理论知识传授给学生的一种方法。这种方法主要是邀请专家给学生进行美学知识讲座，以此来宣传美的思想，引发学生去思考。理论宣传法有很强的系统性，所辐射的面很大，影响范围也非常广，对受教者产生的影响也很大，同时也营造出了良好的舆论环境，能够促进和引导学生自觉学习。

知识传授法的基本特征如下：第一，直接性，也就是在审美教育中，教育者和受教育者都清楚是在开展或者是接受教育。这就要求传授法需要在受教者自发接受教育的基础上才能得以有效实现。第二，系统性。通常，知识传授是个长期的教育过程，面向相对稳定的受教群体，同样也有相对固定的开展教育的时间、地点，这样就为教育者进行充分的教育准备，完整系统地，有计划、有目的、分步骤、分阶段地开展教育提供了现实可能。第三，易普及性。知识传授简单易行，通常意义上，只要有一两名专业的美育理论教育者和充足的教育场所，就可以面向上百名或数百名受教育者同时开展。

在课堂上普及美育，教师一方面要向学生传授美学基本理论知识，另一方面要引导他们认识美的起源、本质和规律，要认清楚审美对象的价值，同时，欣赏和创造美的原则与基本方法也要掌握住。在平时的工作、学习和生活中，教师可以让学生亲自去体验客观世界以及人自身的美，使他们能够对比分辨真善美和假恶丑，并对其进行正确的评价。例如，在对"社会美"问题的教授上，教师应引导学生对照自己，寻找差距，并明确目标，完善自我，重新寻找合适自己的定位。通过学习并传授美的知识和理论，教师从理性上给予学生一定的帮助，让他们对美的本质、规律、范畴、形态有一定的

认识，并对各种艺术的基本常识也有一定的了解。在此基础上学生欣赏美的能力得到进一步提升，审美素养也得到进一步发展。

（二）实践体验法

孔子曰："三人行，必有我师焉。"其中的"行"字原本是走、步行之意，引申为实践，与理论相对。美育中的实践体验法指：把大学生组织起来参加多种审美实践活动，并在其中体验真实的美，进而将审美能力提升上去的一种方法。这是通过改造客观世界进而改造主观世界的一个过程。通常，此方法主要包含参加校园活动、参观访问、劳动实践等方式。

实践体验指的是受教育者通过亲身体验，并将其在实践中社会化，从而形成美的理论原则的深层次且准确的认识，同时，学生审美和创造美的能力和水平也有所提升，身心获得了发展。体验以亲身实践为基础，学生通过自己的感官、认识领悟和情感以及生命体验达成"价值世界"与"意义世界"，最终形成对美的态度。所有的客体在体验世界中都是生命化的，有着生命的情调和意蕴。体验能够超越物质，达到精神；超越经验，达到理性；超越暂时，达到恒久。

马克思主义认识论和实践观认为，人的正确思想的形成发展源泉即社会实践，同时，社会实践还是人思想发展的动力、认识的目的，以及是体验人的思想观念是否正确的唯一标准。这是美育实践体验法的主要理论依据。审美教育中的实践体验是学生的亲历对象引起相应的心理变化的活动。亲历是实践体验的最本质特征，其中包含实际的亲身经历和心理上的虚拟经历。实践体验是一种综合性的反应以及知情意行的统一活动。人们的一切外在现实通过实践变得主体化、内在化，并成了人们内心生活的有机成分。

在审美教育中，实践体验法有着无法取代的作用。把学生组织起来感受现实审美生活，基于在感性认识上验证学习到的美育知识和理论，同时，对强化审美理论教育成果也起到一定的帮助作用；此外，在实践中能够产生新的感受，可以满足并提升个体的审美需要，从而使得学生的身心得到协调发展。

在美育过程中实施实践体验法需要遵守下列原则：第一，实践体验的长效机制的建立。实践—认识—再实践—再认识，此过程不停地循环往复。大学生的审美观是波动的，如果想要通过一次实践活动便提升他们的审美能力是很不现实的。审美实践长效机制的建立，就是为了保障实践活动长期有效地进行下去，从而把学生的审美观以及创造能力提升上去。第二，指导实践体验过程。不能进行科学组织的通常都敷于表面，流于形式。想要获得深层次的教育效果，就要强化对实践过程的指导。首先，从大学审美价值观实际情况的客观需求着手，并制订计划。其次，在体验中给予学生一定的指导，让他们带有目的性地去观察记录。最后，相关的理论支持和比较参考的对象要提供给学生，并指导他们深入理解，从而达到思想和感情的共鸣，获得美的享受与深刻教育。

（三）自我教育法

此方法指的是受教者依据审美的要求和目标，通过自我学习和修养的方式，从内心去接受、欣赏以及创造美的方法。

审美教育中的自我教育法的特点是：具备主动性和自觉性，这是受教育者为了把自身的审美能力提升上去而进行的审美过程。主要的依据是辩证法中有关外因通过内因而起到一定作用的原理。只有涵盖自我美育的才是真正意义上的教育，这是因为教育者的教育活动是一种外因，它无法取代教育者的认识、内化活动，以及实践外化活动。

在审美教育中，自我教育的意义重大。自我教育的作用有：第一，对教育者与受教育者的有效融合起到一定的帮助作用。学生进行自我教育的前提和基础是教师的他育，然而，教师教育效果的关键与保障是自我教育。自我教育可以把受教育者的主观能动性充分体现出来，使得受教育者可以积极主动且自觉地进行自我修养和学习，可以提升受教育者的审美水平，同时，也塑造了他们健全的人格。第二，对教育者自我能力的提升也起到很大的帮助作用。"教是为了不教"，受教育者需要具备自我教育的能力，才能做到自立、自为。所以，学生自我教育的过程，其实是一种提升审美修养的过程。自我教育的时候，学生通过自我学习和发现，可以逐渐增强审美能力，并进一步完善审美心理结构，从而提升人格的协调性。

自我教育法在实施时应该注意的问题有：第一，强调自我教育和他育的高度是相同的。在美育中，强调自我教育是以美育的个体性以及目标实现的自我建构性为基础的，但是，这并不代表能够把实施者的要求降低，反之，是把教师的责任和要求提升了。自我美育要求的实施，实施者需要具备的教育责任感和艺术会更高。第二，自我教育实施个体的教育。美育把个体的责任和积极性强调了出来，强调自我教育的同时也强调了集体教育，同时，也强调了学生在互动中的个体审美培育的实现。第三，自我教育并非安于现状，不求上进，而是对个体的强调。个体在生活实践中受教育，并将艺术体

验、理论学习和社会实践进行有效结合，这样，自身的审美能力可以在实践活动中得到逐渐提升。

（四）朋辈交流法

朋辈交流法指的是有着同样的背景，抑或是出于某种原因让具备共同语言的人采用平等的交流方式分享观念、信息或者行为技能，从而实现审美素养的教育方法。

美育是一种特殊教育，需要受教育者积极参与其中，并且，受教育者所体现出的主观能动性会对美育的效果产生一定的影响。然而，经过研究得出，依据学生的心理和生理特点，他们对这种方式所带来的教育质量的评价都很高。之所以能获得这么高的评价是因为这种方式营造出了平等和尊重的氛围，使学生不再受到教师填鸭式的教育，并且，自我意识也不用再受到压抑和控制。就一定程度上而言，这种方式是最平等、最彻底的交流。因为交流者的身份都是平等的，所以，学生能够畅所欲言，也能够大胆质疑，激烈辩论。在这样的氛围中，学生可以答疑解惑，修正偏颇，坚定信念。与此同时，还因为交流者的身份和背景基本上是一样的，所以更容易产生情感的共鸣，达到相互认同，进而收获友谊。在这样的交流中，自己原本的认知体系通过互通有无得以丰富，尤其是在辩论时，他们极易产生思想的碰撞，也容易发现新的理论观点和视角，还可以更深层次地进行思考研究，这对他们创新能力的启发和培养也起到一定的促进作用。学生的审美认知与欣赏能力通过朋辈交流得到长足发展，并给他们的审美想象力插上了翅膀，得以在激烈辩论和思索中展翅飞翔。通常，朋辈交流基本上都是多个学生集体参加的，以结队或者组合的方式进行，这样学生的团队合作意识也得到了培养。

需要注意的是，审美教育有多种方法，以上所提到的都是比较典型的方法，我们在应用时不要只局限在上述提及的方法中。在教学时，并非每种方法都能解决问题，因为在使用上，它们都有自己的范围、条件、优势以及局限。所以，教育者要综合使用，取长补短，形成合力，以取得最佳的教育成果。

四、完善美育课程运行机制

（一）建设校院两级"齐抓共管"的大学生美育的领导机制

领导职能是带领、指挥、引导和鼓励下属为达成目标进而努力的过程。

领导机制是以美成人的美育工作运行的"龙头"，是否具有完善的领导机制，对教育工作的落实有着直接影响。通常，传统的教学管理组织结构是金字塔结构，是垂直的直上直下的等级模式。"等级权力控制型"组织是以权力为特征、以等级为基础、对上级负责的垂直型的纵向线性系统，强调组织结构中位于结构顶端的管理者的责任与权力。"制度＋控制"可以让人更勤奋地工作，进而达到目标管理。然而，等级权力控制最后会让人循规蹈矩，毫无创新精神，这对开展美育起不到任何帮助作用。"齐抓共管"的含义是，进一步增强并改进大学生的美育工作进而确立的一种组织领导及工作运转的机制，这是让具体教育工作可以落实下来的重要条件。所以，以领导机制在美育工作运行中的重要作用为基础，探讨建设校院两级"齐抓共管"的大学生美育的领导机制更显其特殊的重要性。

1. 明确校院两级齐抓共管的职责

首先，领导的导向性和监督性要在学校层面体现出来。把学校的党、政、工、团集中起来做主要领导，建立领导小组，从思想、组织、行政以及后勤上，对学生的美育工作起到有力、坚强的后盾作用。基于领导小组的指导管理和协调，得以进一步促进并落实大学生的美育工作。其次，学院学生管理部门在学院层面上要将其针对性和具体性体现出来，并与教育教学精神有效结合，把具体的学生管理、组织、引导工作落实到具有针对性的学生活动中，把科学合理的美学教育平台搭建起来。

2. 确定校院两级齐抓共管的内容

对美育工作实施校院两级齐抓共管，这样一来，具体所"抓"、所"管"的是什么，笔者认为有四个方面的内容。第一，落实艺术课堂教学工作。学校在思想层面上展开教育教学的课堂安排、设计和实施，把浅显易懂、有较强吸引力和浓厚趣味的课堂教学建立起来，切实贯彻和落实艺术课堂教育教学；学生的课堂管理工作要做到位，确保出勤率，落实课堂内容要传输给学生。第二，校园文化共建要做好。在物质文化建设层面，学校要进行科学的美学设计；在精神文化建设层面，对学生的学习和活动方向要有所掌握并进行引导；在基础层面，对他们的生活、学习以及活动内容与形式进行指导，引导他们把美的生活和学习环境打造出来，并建设美的教室、校园和寝室，从而营造美的校园文化氛围。第三，教师的人格美化也要进一步推进。在学校层面，强化教师的培训力度，给他们提供学习和领悟的机会，在完善他们

的人格上搭建更加广阔的平台；在学院层面，把对所有教师的关注度进一步扩大，有需求时给予支持和帮助，确保教师以饱满的精神状态和愉悦的心情步入课堂，引导学生开心快乐且专心地学习。第四，强化网络平台的监督管理。在学校层面，通过建设校园网络，引导美化学生喜爱美、追求美，并且，监督管理学生在网络上的语言和活动，对不和谐、不美的言语和行为要及时处理；在学院层面，加强宣传网络道德和审美，并鼓励学生领悟美、创造美，对美的言论和行为给予一定的奖励，让学生在尊重、平等、广阔、审美的空间中把自我形象树立起来，增强自尊自信的精神，完善审美素养。

（二）建设以"学科建设"为依托的大学生美育的动力机制

审美教育的发展动力机制来自高校美育学科的建设和发展。科学理论指导伟大实践，在高校，美育实践的发展也需要理论指导。美育理论对大学生美育实践的指导作用，高校要有一定的认识，要自觉强化美育学科建设，推动大学生审美教育工作的健康发展。

1. 高校要自觉加强美育学科建设

现代美育理论研究表明，美育是一门新兴的交叉边缘学科，依托于教育学、文艺学、美学、心理学、脑科学等学科的关注，才能将其学科理论体系构建起来。独有的学科属性，强调理论与实践的有效结合。高校把各门各类高级研究人员汇聚到一起，是研究理论和创新知识的重要场所以及实施美育实践的现场，具备建设美育学科特殊优越的条件。所以，高校要注重建设美育学科，可引导和组织有关学科科研人员联合攻关，对美育学科的一般规律、功能任务、方式方法、本质特征等进行系统的研究。与此同时，高校应提供建设学科所需要的人员、设备、场所、经费等物质保障，对学科的建设和发展给予一定的支持并全力推动。由此，基于系统、完善的理论指导，将高水平的美育学科建立起来，使高校以美成人的美育实践工作有了无穷的发展动力。

2. 借助学校现有学科优势建设美育课程

当下，建设美育学科还处在发展阶段，高校美育实践不可等待和观望，要依赖并把现有的学科实力整合到一起，展开美育实践活动。建设美育课程一定要面向未来，站在更高的水平上，对于基本问题，要从新的角度去认识和研究。国内美学、文艺学、教育学等学科的基础理论研究在20世纪90年代均取得丰硕的成果，同时，也开始着手建设美育课程。美育需要解放人的精神，培养人生观、审美力，以及全面发展学生的素质，把科学教育和人文精神有效结合起来，将以美成人的学生人格养成为美育的最终归宿，并且作为其发展的最终目标。所以，高校要沿着素质教育的方向，凭借学科研究优势，以全体学生为教育对象，以数字信息化传媒为手段，以古今中外的美学、文艺学以及教育思想和现实教育实践为基础，将有着中国特色以及新内涵的美育课程建立起来。学校的美育工作以学科建设为主体进行统筹，把课程建设有计划、有步骤地进行推进，把教育学、文艺理论等专业课程作为实施美育的重要内容和手段，将其课程建设进一步完善，并且，辐射到其他学科领域，渗透于学校教育的各个方面。同时，在美育理论课程上，补充绘画、音乐、戏剧、小说、诗歌等艺术的欣赏和创造，之后通过审美实践活动，把学生的审美鉴赏能力和创造能力提升上去，情感的满足和升华也得以实现。

（三）建设"全员、全程、全方位育人"的大学生美育的保障机制

审美教育的保障机制作为高校美育运行机制的一个子系统，主要指为了实现高校的美育目标，通过美育系统内部起到保障作用的各个要素之间，通过相互联系、作用以及制约，进而把工作体制、方式以及管理规范建立起来。因为美育关乎学校教育的多个方面，并贯穿整个过程，落实于教学、管理、后勤等环节中，各部门也要把自身的优势体现出来，积极主动且自觉地在工作中渗透美育。美育并非只是单纯地开设几门艺术课程，它应与整个教育体系相融合，贯穿于全部教育之中，并存在于很多学科的形式和内容上。学校的所有教育环境均应把自己的优势发挥出来，在工作中主动、自觉地渗透美育，进而与整个教育体系有效融合，最终把"全员、全程、全方位育人"的大学生美育保障机制建设起来。

1.创建大学生美育"全员育人"的教育体系

"全员"指的是学校的领导、教师、管理以及服务人员等全体人员在内的所有人员。

第一，领导层面要予以重视。在审美教育中，教育的实际效果取决于领导者的决策，领导的重视程度可以为美育活动的具体实施奠定坚实的基础，并给予一定的支持和保障。领导要从发展大学生美育的角度对他们的全面发展予以重视，要整体规划学校的发展，努力提升校园文化导向性，防止文化活动的盲目性，整体推进校园文化建设。

第二，从教师层面提升美育课程的教学质量。通过多姿多彩的课堂教学活动，给学生创造感受以及欣赏美的机会和环境，让他们对人类艺术发展的历史以及优秀的艺术品有一定的了解；艺术的基础知识与技能也需要掌握，并且还要具备艺术审美能力。基于此，高校通过艺术教育独有的方式，开发学生潜能，展示个性，同时也要把创新精神和实践能力培养出来。

第三，在管理和服务层面上，要把美的环境营造出来。采取有效措施，提升管理和服务人员的美学修养，给予工作人员鼓励，让他们以优美的语言、优秀的管理、优雅的环境、优质的服务面向学生，身先示范，把美的环境营造出来，美的形象树立起来。学校管理人员把育人导向体现出来，将日常的管理与引导学生养成良好习惯、遵纪守法等有效结合；后勤服务人员要把保障工作做好，让学生在贴心、优质的服务中受到教育和感染。

第四，在学生骨干层面上强化学生自我教育，营造良好的校园文化氛围。在学生中，学生骨干是特殊群体，他们在开展大学生美育和人格素质教育上起到重要作用。所以，在教育实践活动中，我们对他们的思想以及理论指导和行为督导要予以重视，要认可他们的能力，发挥他们的表率作用，要带领学生参加提升美学鉴赏能力、培养人文素质和完善人格的活动。

2. 搭建大学生美育"全程引导"的教育平台

审美教育的全程性取决于审美培养的长期性，同时，也决定审美教育的全程性一定要贯穿在学生入学至毕业的整个过程中。与此同时，美育在大学的学习生活中并非没有任何变化，而是具有阶段性特点。因为，不同的人在能力、性格、气质、兴趣、动机和价值观上都有所区别，这些和人的先天素质、后天学习和经验都有很大关系。因此，这就决定了教育具体的实施要根据不同教育课堂的现实情况以及客观需要，不同年级和性别的学生在思想观念、心智成熟程度以及所面对的现实问题等方面进行教育。所以，大学生美育要根据不同群体在不同阶段的特点分阶段地进行教育。

3. 构建大学生美育"全方位促进"的教育环境

"全方位"的含义是，学生审美教育的软、硬环境要全方位地建立与开展。寓美育于智育之中，通过选修课、通识课、讲座、报告等课程体系，给予学生一定的指导，让他们懂得怎样辨析美、鉴赏美，掌握美学的基本理论和技能；之后通过各种形式的学生活动，在实践中对学生进行引导和鼓励，给他们搭建创造美的平台；最后，对校园软、硬环境的建设多加关注，加强校风和学风建设，把学校的优良传统和独特风格在学校的理想追求、历史传统、人文气象、精神氛围等方面体现出来；校园的硬件工程（文化设施、生活设施、教学科研、校园中湖水、草地、花坛、道路等）要合理布局，建构优雅，品位高尚，在学校构造全方位尚美、求美、制美的大环境。

（四）建设以"个性化评价体系"为依托的大学生美育的评估机制

就学科发展的角度而言，美育需要具备评估机制，但是，由于审美教育的特殊性，评价体系需要具备个性化特征。20世纪三四十年代，教育评价作为现代教育的分支学科诞生于美国。对其内涵，可谓是仁者见仁，智者见智。布卢姆认为，教育评价是一种获取和处理用以确定学生水平和教学有效性的方法，是简单概述教育最终目标的辅助手段，是教育研究和实践的一种工具，是确定按照这样的理想方式，学生发展到什么程度的一种过程，是一种反馈和矫正系统。总之，就是依据教育目的和标准，采用科学的方法和态度，对教育中的活动、管理、人员以及条件的状态和绩效做出质和量的评判，进一步促进教育的改革和发展。然而，个性化评价是学生可以用自己的方式完成任务并进行语言评价的一种方法。这一类的评价和所学的课程有关，并且，融入其中，还包括它对整个学习过程的跟踪评估，尤其适用于评价学生的学习以及情感策略、文化意识等。美育教育其中的一个目标，是整合并发展学生的人格水平和艺术能力，这是一个多元的结构体系。因为学生的价值观、情感态度、行为习惯和方法能力有程度差异性、个体性和内隐于心等特点，他们的学习均是动态的，充满灵气的个性活动，如果采用一种评价将评价对象的不同特点体现出来是非常困难的。所以，美育评价在展示艺术特色的同时，也要体现出个性色彩。

1. 确立差异性的评价标准

学生在教学中会有不同的发展速度和轨迹，发展目标具备个体性，所以，我们也要进行个性化的评价。教育评价要依据他们的不同背景与特点，对他们的不同发展能力和特点进行正确判断，以进一步促进他们的发展。我们要依据学生的实际特点，把他们个体的评价档案建立起来，并对他们的个性发展和所存在的差异给予一定的尊重，并要强调过程以及主体取向的评价。在课堂中，学生只要有所成就，不管与预期目标是否相符，教师都应给予支持和肯定。主体性的评价并非单凭外部力量督促和控制，而是所有主体对自己行为的"反省意识和能力"，同时，要明确学期目标，制定好措施严

格落实，让所有学生在基于原有的基础上都可以获得发展。

2. 制定综合性的评价内容

高校审美教育是个非常庞大的教育体系，因此，需要全方位且多角度地进行思考、调查和研究，并且要把综合性的评价内容制定出来，进一步促进美育的实施。笔者从三个维度（工作条件、过程以及工作效果评价）对美育工作的评价内容进行了设计。第一，工作条件维度，主要包括的要素有环境、经费、组织、基础设施等，这些是确保美育工作能否顺利开展的必要保证。然而，在组织层面具体涵盖了工作队伍、制度、组织管理机构等内容。第二，过程评价维度，主要包含的要素有艺术课堂教学、日常教学、校园文化环境建设、网络平台建设、管理的审美化、学科美学渗透、相关科研等，是美育工作的活动轨迹和主体。第三，工作效果评价维度，是诊断美育工作状况的环节，同时在教育评价过程中也非常重要。其评价对象指向学生群体，评价的具体内容需要对学生的知识和技能进行考察，同时学生的价值观、情感、心理结构等人格方面的变化和发展也包含在内。此维度可细化成为基础性以及发展性两个方面的内容，其中基础性内容是评价教育的基本依据，主要包含艺术知识理论水平和艺术审美能力；发展性内容是对学生学业成绩进行评价的主要依据，倾向于评价个体创新能力和价值观水平，对提高学生的综合素质比较关注。我们通过制定综合性评价内容，把教师的教学和管理人员的管理积极性进一步提升并实现，激发学生的学习兴趣和审美意趣，最终提高审美素养。

3. 形成多元化的评价方式

多样化的评价方式若要建立起来，需要调动评价对象参加评价的积极性，以进一步促进学生的个性发展与潜能挖掘。第一，将日常与阶段性评价有效结合。日常评价指的是教师收集并记录学生日常艺术的鉴赏和表现等方面的信息，而并非只是凭借期中和期末的阶段性测评结果来决定教育的效果。在整个学习过程中，教师应把学生的学习情况采用多种方式进行收集，只有将日常以及阶段性评价有效结合，才能全方位且公正地对学生进行个性化评价。第二，学校与学生自我评价有效结合。在传统的教学评价中，教师是评价主体，在课堂中，评价活动基本上只是教师评价学生，而学生则被动接受。然而，个性化评价则不同，教师在其中扮演的是组织者和协调者的角色，评价主体呈多元性。教师和学生都参与到评价活动中，可以使评价更加全面，更具有说服力和指导性。自我评价法指的是学生评价自己的活动。这种评价法有三种形式，即表演能力、理解水平以及自我观察。这些评价法对学生参与评价过程均起到一定的促进作用，并且节省时间，同时也能把学生的自主学习能力培养出来，帮助他们掌握有效的学习策略，加强他们的学习动机。在自我观察中，学生能够进行反思，并适当调整和改进学习策略，相较于教师直接的指导，这种方式印象会更加深刻，从而也能更好地培养学生自主学习的习惯和能力。

第五章　高校审美教育课程建设

高校审美教育的多维路径

第六章

第一节　校园文化建设中的审美教育

一、校园文化简述

（一）校园文化的内涵

目前，校园文化定义一直存在不同的观点。无论是将其定义成一种精神文化，第二课堂，或者是师生价值观念以及校园风气等，这也只是从侧面或者单独一个角度去反映的，都不够全面。很明显，校园的真正内涵没能充分体现出来，但是，校园文化的丰富性却可以体现。就广义上而言，校园文化指的是学校全体都存在的方式的总和，学校的物质以及精神文化都涵盖在内，校园活动由师生员工、管理活动、校园软、硬环境、教学活动等构成。

总体来说，校园文化是客观存在的，无论人们有没有意识，它都是客观存在、变化且不断发展的，与此同时，在一定程度上，对校园中所有人的情感、信仰、价值观以及人格的形成和发展产生了一定的影响。所以，校园文化的存在和功能上的凸显，对全校学生提升综合素质以及塑造健康人格有着重要意义。在高校教育体系中，校园文化有着非常重要的地位，所以，我们要建立有校园特色的文化系统，把教育功能充分体现出来。

（二）校园文化的美育功能

文化是人类的社会性产物，其自身具备传承性，并且也处于不断发展中，教育的最终目标是延承人类文化。校园文化是人和校园关系的一种表现。若是将校园中的所有人看作一个有机整体，那么，校园文化则是通过这个有机整体形成的，并创造出独特的社会现象。校园文化自身具备的创新性、丰富性、参与性以及认同性，决定了它在美育上的功能。

1.审美导向作用

我们在创造文化的时候，也被文化创造着。此处之所以这样说是想要表达出文化环境对个体发展所产生的影响。学生的价值取向、思想品德的形成

和所选择的生活方式都会受到校园文化的影响。就美育层面而言，校园文化具备非强制性。在文化环境审美活动中，主体具有积极的主导地位。但是，作为群体文化的沉积，需要引导这种文化的认同。美育最后的目的是让这样的文化环境规范自身的行为，之后把具有群体特征的精神风貌体现出来。构成这种群体特征的要素是校园文化，它有很强的感染力，可以构成与其相对应的审美素质，能够进一步促进人们将高尚的道德情操和善良、美好、纯真、理智的心灵塑造出来。

2. 综合素质提高

丰富的校园文化活动可以引导学生多层次的心理需求，即欣赏、追求并且创造美，把学生的创新思维激发出来，并培养他们的想象力和好奇心，写作能力也能得到很好地锻炼，校园的师生也能和谐交往，学生的艺术修养水平也能有所提升，同时丰富了他们的兴趣爱好。需要注意的是，在校园活动中，学生的心理活动一直都是积极参加的状态，因此就出现了与教学活动不同的效果。此外，美育并非孤立、特殊的教育活动，通常与德、智、体育等有效结合，所以，美育的过程就是学生全面发展的过程。校园文化所具备的综合性，把作为教育资源的综合性体现了出来，同时也对学生的成长产生一定的影响。校园文化的建设也要体现自身特点，通过实践得出，课堂文化教育功能的局限被健康的校园文化活动打破了，学生的视野更加开阔，智力也得到了开发，知识得到了拓宽，组织和社交能力也得到了一定的锻炼，学生的个性心理也有所成长。

3. 文化气质培养

高校校园文化是一种社会"亚文化"。首先，其产生在社会文化背景下，同时还是文化的集中地，学生通过它的社会性对社会文化前沿有了一定的认识和吸收，并且都处在有利地位。它与认识教育培养观念也存在一定的关联。其次，高校校园文化是师生实践行为中情感追求和共同价值取向的认同。校园文化具有凝聚力，可以将师生的力量和思想汇聚起来，最终内化成积极健康的校园精神，与此同时，这种精神又反作用于所有的成员，使他们都能感受到。校园文化在沉淀和发展中，体现出了独特的校园文化气质，让所有学生都可以产生校园归属感与认同感，进而让自身气质也具备校园文化气质。这种精神美的追求，也正是形成高校学生健康人格的重要内容。

（三）校园文化的审美原则

1. 思想性原则

思想性原则是衡量校园文化思想性的标准。校园文化要产生教育的力量，就必须具有高度的思想性。一般地说，校园文化的一切方面都带有或深或浅的思想性。但是，并非所有思想性都是按照美的规律表达的。因此，为了真正使思想教育力量通过人们的感官渗透肺腑，就必须把思想性体现在形象的、充满情感色彩的活动和形式之中，这就是审美规律最本质的实践反应。因为，在本质上，审美也是一种社会意识形态，也是一种对人产生感染力和影响力的文化教育力量。当校园文化建设充分注意了思想性及其审美的实践、创造的规律，则人的培养与提高就实现了感性与理性、客观与主观、必然与自由的真正统一，也就真正成为自觉自在、人格健全的人。

贯彻思想性原则需注意的是：第一，思想价值的高低要以校园文化活动的现实效果为视角进行考察，而不能单看其动机就判定其思想性的高低。动机只能体现某种潜在的愿望，并不代表现实性的文化实践效果。第二，思想价值的进步与否要通过对社会、时代及各种现象的评价、判断所体现的倾向性体现出来。一般来说，进步的思想性是健康向上的、积极有力的；落后的思想性是使人消沉颓废的，甚至是诱人走入歧途的。第三，思想价值的高尚与纯正还通过理智化、道德化的审美情感体现出来。健康的、有益的、高尚的审美情感给人以纯正强烈的撼动力，会产生积极广泛的社会效果。在艺术欣赏中，许多情感性的体验是具有高度的思想性和道德蕴含的，校园文化开展这方面的教育，其途径是十分广阔的。相反，那些病态的、狭隘的、无意义的、卑劣的情感表现，则会使人堕入无聊、卑琐、追求欲望宣泄的不健康状态，因此，我们应当坚决抵制。

2. 适宜性原则

适宜性原则是衡量校园文化进行得是否恰当、是否恰如其分的标准。和谐、适度、恰如其分，是美学内在精神的体现。适宜性是指从学校条件、教育规则、文化建设的需要出发，对应该进行的校园文化活动和项目，全力以赴地去做，并努力做好；而对不需要搞的，或不具备搞的条件的则要努力避免去做。换句话说，学校要从宏观和微观上对校园文化建设进行自如地控制。

在贯彻适宜性原则时，学校要注意把握好如下几点：第一，要针对学生的文化接受特点开展活动，尽可能把学生的内在积极性激发出来。第二，属于全校性的文化活动，要将普遍性与高标准、高要求结合起来，而且要使这类活动主要面向校内；有些与社会上联合举办的活动，则要慎重而行。第三，在校园文化的种类、质量的要求上，应向高标准看齐，并把导向性与多样性统一起来。例如，环境的美化，就是造福于千秋万代的事业，必须精心设计，求其尽善尽美，不能随心所欲、粗制滥造。导向性是根据学校发展规划及社会发展的内在要求而确定的，多样化则是根据其不同接受层次的文化追求特点，尽可能把大群体文化深入到个体接受层次上来。

3. 愉悦性原则

愉悦性原则是衡量校园文化能否使校园人的精神得到审美享受，使他们在轻松欢快的生活氛围中学习、工作、创造，从而获得精神上的超越感、自由感的具体标准。愉悦性是审美的内在要求。学校校园文化建设，不仅要把愉悦性原则渗透到常规性教育教学活动中去，而且要渗透到环境、设施、第二课堂、校外活动及其他全校性的文化活动中去。

贯彻愉悦性原则应注意如下几点：第一，愉悦性是就学生的精神状态达到某种审美境界而言的，不能理解为愉悦性是唯一、绝对的审美标准，为愉悦而愉悦。第二，愉悦性主要通过具有直观性、动态性的形式来实现，同时以最能切近学生的接受心理为最佳的选择，不然，学生的兴趣激发不起来，就不能达到预期的效果。第三，要充分重视由愉悦性活动所产生的潜移默化的特殊教育意义。

4. 创造性原则

创造性原则是衡量校园文化在培养学生创造性意识与创造性能力方面的标准。尽管学校不是从事物质生产或精神生产的专职部门，但学校对人的教育、培养却与物质生产和精神生产具有广泛和内在的联系。这表现在学校通过教育教学活动及其他文化教育活动，将知识、信息传输给学生，使之具备能够从事创造性活动的主体能力、素质。可以说，学校教育是对社会的创造性生产的直接准备，正是在这个意义上称教育是一种生产力。因此，创造性原则也是衡量校园文化质量的一个内在的尺度。

贯彻创造性原则应注意把握好如下几点：第一，创造性意识的培养不仅要体现在对生命成就的超越前人、超越同代人的意识确立上，而且要体现在不断超越自我的意识确立上，并且这种确立是通过与所从事专业紧密结合的知识、观念获取等方面很具体地体现出来的。第二，作为创造性素质、能力的主要条件，是具备才、胆、识、力。"才"是创造才能，"胆"是力量勇气，"识"是远见卓识，"力"是技能、经验。四者对创造者来说都很重要，缺一不可。校园文化建设要从这些基本素质、能力的培养入手，使学生具有伟大的抱负、磅礴的气势和高超的创造能力。

总之，校园文化的审美原则，是根据校园文化的范围、特点而规定的，其中思想性原则是指导性的，适宜性原则是要切合实际的，愉悦性原则讲求效果、氛围，创造性原则最终是要达到的目的的，这四者在校园文化建设中彼此互为补充。只要把上述原则贯彻好，校园文化的建设便可以更好地落实，也就能更好地发挥校园文化在审美教育中的功能作用。

二、校园生态环境审美化

审美能力的培养是在环境教育作用下逐渐发展起来的，环境因素是学校美育系统中不容忽视的有机成分。"临水知鱼性，近山知鸟音"，美化环境对学校美育工作起着潜移默化的作用。具体应该从以下几个方面着手。

（一）校园自然景观

校园自然景观大多与校园的地理位置相关。自然环境是校园环境的基石，保留自然环境中的山水体系，使人容易感受到自然的气息。天然自然景观具有一切人工环境所不具有的审美功能。自然状态是代表着人类理想的生活状态。确实，自然景观给人产生的审美意境是其他环境所不能替代的，依托于自然景观对人的审美境界修养起着重要作用，它能够使人回归于自然，从而体验内心的"本真状态"。

（二）校园生态建筑

校园建筑群多是围绕教学活动目的建设的，但建筑本身就体现着一种艺术美和文化美。"生态建筑"的提出不仅是基于人们对环境生态问题的深刻认识，也是人类理想意志的产物。它以校园与自然平衡作为发展基准，把人作为自然的一员来重新认识和界定自己及其人为环境在世界上的位置。此外，生态建筑不仅提倡自然与建筑的和谐，更提倡建筑与建筑之间的和谐。这种和谐不仅可以体现在建筑造型、色彩上，也体现在建筑群作为整体形象所反映出的造型艺术和文化内涵上。同时，建筑群之间合理的布局，使建筑

功能之间形成一种良好的协调关系，这也是生态建筑的重要内涵。

（三）校园人文景观

通常，校园的人文景观都具有深厚的文化底蕴，一般都与特定的历史时间以及人有很大联系，主要有以下几种类型。

第一，许多高校都留下过许多知名人士和著名专家、教授工作、学习的地方。不仅知名人士是校园的宝贵资源，他们的思想和精神也是校园文化的重要内容，他们生活、学习的场所体现着他们的精神品格。我们通过对这些场所、遗物的瞻仰，可以感受到他们崇高的精神品格和人格魅力，获得精神上的熏陶。

第二，许多高校都有校园博物馆、陈列馆和纪念馆。尤其是一些办学历史悠久的学校，学校自身的历史就是一种重要的教育资源。学生对学校的成长历史的了解，对学校重大历史事件的参与和认识，对学校著名英雄人物的了解，无疑会加深学生对学校的情感，从而深刻理解学校的办学理念和精神，从而树立学生的学习奋斗精神。

第三，许多高校的科研机构、重点实验室、文化研究中心，也是科技美育、人文美育的重要部门。科技是创造美的重要因素，科学技术自身的美表现在对真理的追求以及科技自身所拥有的魅力——满足人的好奇心理上。审美来自人的好奇，而科学正是解释人们疑问的一把钥匙。对科学技术的了解，可以培养学生对这个世界的认识能力，增加对自然的探索兴趣，从而激发他们的想象力和创造力，培养他们学习知识的兴趣。

第四，校友纪念林是已毕业校友表达对母校情感的一种方式。很多高校都有自己的校友纪念林，这种情感的表达方式容易让在校学生接受并对学校文化理念产生认同。校友林促进了学校和学生的内在沟通，使学生获得对校园内在精神的认同和体验，不仅有利于学生的内在精神品质的塑造，同样也使得学校的文化实质在每一届学生中得到传承。

总之，我们应重视校园生态环境的美育功能。这种教育资源对大学生的审美教育往往是潜移默化的，且同时又是极具震撼力的。

三、校园人际关系审美化

（一）校园人际关系的内涵

所谓校园人际关系，是校园内师生之间、教师之间、学生之间、学校行政管理人员与师生之间在思想、学习、工作、生活等方面的交往、联系的关系。从实质上来说，人际关系即人与人的交往，首先体现了人的社会性因素。在人类的交往过程中，我们学习了相互遵守某些共识性的规则来达到与人平等交往的目的。对校园人际关系的内涵，我们可以从如下几个方面做进一步的理解。

1. 人际关系的文化实质是情感文化

人际关系是一种特殊的校园文化，它以主体之间的和谐关系表现出校园的文化精神。正是由于它关系着校园中一切人与人的因素，因此，对校园文化的建设，从宏观上讲，其实质应该是一种情感文化。学校的主体从职能上可以分为三类：管理服务人员、教师、学生，这三类人皆是校园文化的主体，人际关系则体现了主体之间的情感关系。主体与主体之间的交流不仅来自工作关系，而且也是人类情感自身的需要。人只有在正常的人际交往中，才会有正常的社会心理能力，才能正确处理自我与他人的关系，从而获得他人的信任、友谊、爱情等，因此，人际关系实则是人类的情感需要，是人社会性成长的重要内容。

2. 人际关系文化是一种心理环境

可以这样说，自我以外的一切因素都是自我的环境。人际关系对校园来说，不仅是一种情感文化，实则也是一种教育、美育的心理环境。心理环境指人际环境、校风、学风和教风以及各类文化艺术活动氛围等人文因素。实施审美教育，能增强人的自我调节能力，形成良好的心理环境。审美教育的实质是情感教育，情感是审美心理中最活跃的因素。人的思想素质、文化素质、身心素质、审美素质的提高，都与情感的体验等心理因素有关。一个人一旦受到审美情感这一高级情感的支配，就会使自我调节能力大大增强，从而促进自身的心理健康。优雅的校园人际环境能消除个体心理上的种种不协调、不和谐感，可以促进身体和精神以及诸心理功能之间的和谐发展，使学生体验到人生的乐趣与生命的完美，从而保持健康的心态。

3. 绿色人际关系中环境与人的交流

不管是"绿色人际关系"，还是"生态人际关系"，在强调人际关系中人与人这种主体间和谐的关系之外，还同样注视到人与自然、环境的关系。这种关系同样也是一种交流关系。我们对自然的了解、认知、开发、利用其

159

实都是一种交流。由此,自然、环境与人的交流体现于人对自然、环境的保护、利用意识。人在自然、环境中,不断地利用自然、环境资源创造人类所需的物品,同时,人类又意识到保护自然、环境的重要性,在长期与自然的交往中,我们知道了如何使人与自然、环境相处得更为融洽,更和谐。

(二)校园人际关系的审美化

校园文化是一种特殊的社会文化,在本质上具有鲜明的审美特征,处在社会文化发展的前沿。如何提升校园文化品位并形成学校特色,其重要途径在于加强审美教育,把美融入校园文化中去,创造一种积极向上、宽松和谐、静谧优美的审美文化。校园人际关系的审美化对开展校园教学活动起到一定的帮助作用,同时也给建设校园文化提供了很大的帮助,因而,我们应进一步促进审美教育的落实。校园人际交往关系审美化的建设可以从以下几个方面着手。

1. 师生间的人际关系

在校园人际关系中,师生人际关系是主要的组成部分。其实,教师和学生之间的交往并非单纯地体现在教学活动中,即使我们都倡导在教学中,教师和学生要基于平等的地位去沟通交流,如果不是平等的交流通常也不会达到真正意义上交流的目的。其实,提出教师引导这一角色的时候,就是为了解决这一问题。但是,基于现代的教学理念,过于重视知识本身的传授,容易忽视教师和学生之间的情感交流,使得他们在课下如同陌生人一般,没有任何的交流沟通。

现如今,我们对教育活动的本质进行了重新的梳理与理解,在认识教育价值上产生了变化,教育已经不是校园所独有的一种活动了,学习的理念也因为知识来源的多元化而在发生改变,同时校园教育目的也有所改变。在社会中,所需要具备的技能以及自我情感都需要在校园生活中进行学习。1921年,蔡元培在美国加利福尼亚大学柏克莱校区演讲时,便强调应该把孔子、墨子的教育精神和18世纪英国的培养绅士,如牛津、剑桥,19世纪德国的培养专家,如柏林、洪堡,以及20世纪美国大学的服务社会,培养社会亟须的人才,这几种观念结合在一起,方才是他理想中的大学教育。[①]蔡先生的这种教育理念,对现如今的教育思考,依旧能够带来很大的启发。

---

① 陈平原.大学排名、大学精神与大学故事[J].教育学报,2005(1):58-67.

因此，改变教师和学生的人际关系，势必要改变教育理念，同时教师对自身职业特性也要有新的认识。只有把良好的师生关系建立起来，学生才能够感受到教师的人格魅力和精神力量，进而，教育的多种功能便能很好地实现，并且，审美教育的实施也能够得以进一步推动。

2.学生间的人际关系

学生间的人际关系表现在学生的各种组织（如学生会、各种社团）和学生的自我管理上。这两种关系是有一定区别的，首先，主要基于一定的组织形式，进而进行的一些活动，这种组织形式主要是让学生能够更早地适应社会，并在其中提升学生的社会实践能力，这对以后走出社会有一定的帮助，同时对学生社会性的培养也起到一定的帮助作用。

多种形式的活动以及日常的交往之中也体现出了学生间的人际关系，同时这也是组成学生人际交往的很大一部分。学生之间的交往是尤为重要的。第一，我们都提到过，交往不单纯是人们之间情感上的需求，人们的信任、友谊、团结、协作的能力也是通过交往获得的，并且，这对培养他们的集体感和合作能力也起到了一定的帮助作用。除此之外，交往也可以体现出自我在他人心目中的价值和地位，通过与他人交往，我们可以获得他人对自我的一种重视、肯定以及评价，进而也就产生了一种群体定位，让自身意识到自己处在一个集体的环境之中。除此之外，学生心理上的弱点、压力通过学生之间的交往能够很好地克服掉，并且也能获得精神上的支持，也不失为交流信息的好方式，通过交往也能改变学生对事物的看法，可以对他们的社会性成长起到一定的帮助作用。

3.教师间的人际关系

教师之间的交往也是非常重要的，是一种良好的校园文化建设的重要构成部分，并且，主动性和创造性非常强，在科研和教学交流上，教师之间的人际关系可以起到一定的帮助作用，能够提升学术研究和教学水平，可以进一步增加学校的活力，增强学术氛围。

整体来说，校园文化的审美关系表现为一种没有功利目的，可以交流彼此真正情感的人际关系。教师与教师之间、学生与学生之间建立这种审美关系应该遵循美的规律和原则来进行。不管是在课程教育、非课程教育，还是学生的实践行为中，这种审美关系都有利于学生的社会性成长。

但是，现在高校学生针对人际交往的认识还存在很多误区。有些教师

因过于看到它所造成的不良行为，却将人际交往的正常方面也忽视了。相对正常的人际交往，教师间的人际交往是没有任何功利目的的，是人情感交流的一种非常重要的方式。人们通过健康的人际交往可以增强自信心，放松情绪，同时也能消除忧虑，并且，在群体中也能对自我价值给予肯定。除此之外，有些学生过于重视个人能力，不想参加集体活动，抑或是不喜欢与他人交往，表达能力相对也比较差。这一部分学生应该多注重学习和他人交流，这是因为校园人际既是一种交流，同时也是一种实践，会对学生社会交流起到一定的帮助作用。良好的人际交往环境，影响着个人的成长。注重交流，懂得互相尊重，一方面对学生在社会中人际交往行为有一定的影响，另一方面也将个人的修养素质体现了出来。所以，人际交往不单单是校园文化的核心，同时也是全方面培养人的重要方面。

四、校园文化活动审美化

（一）校园文化活动的类型

校园文化活动是校园文化的重要组成部分。学校往往会根据不同学期的教学目标定期或者不定期地组织不同类型的校园活动。它对学生素质的全面提高和个性的发展都有着积极的作用。学校的文化活动形式多种多样，主要有以下几种类型。

首先，以社团的方式，如有文学社、诗社、艺术团、影评组、摄影协会等不同形式的艺术组织。学生在学习自身专业以外，加入社团可以培养自己的兴趣爱好。在课外活动可以使学生掌握正确的审美标准，并能够使他们从审美对象的审美内涵中加以延伸和拓展，从而掌握更多地创造美的艺术技巧，进而培养学生高尚健康的爱好和情趣。

艺术是美的集中表现，对艺术爱好的培养，就是对学生审美能力、想象力和创造力的培养。艺术教育的根本目的在于提高人们的审美素养。艺术的欣赏和创造都是在联想、想象等心理作用下才实现的。学生通过艺术审美和创造，其丰富的想象力、创造力、动手能力都得到了提高。校园活动中学生实践的科技发明、艺术创造、学术交流、环保设计等的作品也都给校园文化注入了新的活力。因此，艺术科技活动的开展，可以使学生学习生活中的各种压力、困惑、失衡都得以放松、转移、释放，正如弗洛伊德所言，艺术是人的一种宣泄，对人的心理平衡起着重要作用。

其次，学校举行的各种竞赛、运动会都给学生提供了自我展示的空间，学生在这种"游戏"的活动中既可以使自己得到释放，同时，又提高了对知识和技能学习的渴望。

再次，与自然的接触。通过组织夏令营、野游、自然科学调查、环境调查等活动，一方面，使学生投入大自然的怀抱，游览祖国的锦绣山川，激发学生热爱大好河山、热爱生活、热爱祖国的美好情感；另一方面，可以增强学生的环境保护意识，使学生懂得珍惜自然有限资源以及人与环境和谐相处的重要性，提高学生的社会责任感。

最后，组织社会实践活动。这是学校美育的重要环节，学生认识美、感受美、鉴赏美的能力培养必须通过反复的社会实践才能实现。无论是座谈、辩论、写社会调查报告、时事讨论等，都可以使学生从审美的角度具体、生动、形象地感受新人、新事、新思想，从中受到启发教育，形成良好的审美观，进而培养学生崇高的审美理想，收到美育的预期效果。

总之，校园文化活动是集德、智、体、美、劳等多种教育功能形式于一体的。这些功能又相互渗透，相辅相成，从而显出校园文化活动在美育的全面性和综合性上所起到的重要作用。

（二）校园文化活动的审美化

以艺术教育为核心的审美教育渗透在课外活动中，可以对活动中避免出现世俗化倾向起到一定的帮助作用，同时还能够预防出现一些低级庸俗的非主流文化的负面影响以及预防其冲击课外活动。渗透审美教育主要是为了将学生们的喜好向高雅、文明、健康的层次引导。审美教育既可以陶冶性情，同时也能释放情感压力。学生通过参加各种课外活动，一方面施展了才华，释放了能量；另一方面，内心的一些情感也得以宣泄出来。而且，在这样的场合中释放，学生的审美情感也能获得进一步的升华。校园文化活动的教育功能非常丰富，活动对学生获取知识可以起到一定的帮助作用，与此同时，在他们全面成长的过程中也能够起到积极的作用。校园文化活动对美育的影响体现在如下几个方面。

1. 校园活动的丰富性

校园所开展的各种文化活动都具有丰富的内涵，一方面丰富了学生的专业知识、兴趣爱好、政治思想、人际交往、社会接触等，另一方面还提升了他们的素质。同时，校园也是能力培养的主战场，可以把学生的多种感官与学习兴趣调动起来，又能够将感知学习和实践操作有效融合，是一种活动教

学和实践的综合体。丰富的校园文化活动，可以使学生进行自我思维模式的调节，从而激发热情，扩展思维内容，这对他们的创造性、主动性、社会性都有着积极的影响，与此同时，也能进一步促进实践和独立能力的发展。

2. 校园活动的游戏性

校园文化活动的审美特性在于自身的丰富性和"游戏性"。首先，校园文化活动和教学活动不同，其摆脱了教学的目的要求，具有更多的娱乐性、参与性和体验性，很明显提升了学生的积极参与程度。其次，学生是它的参与主体，而教师和辅导员则起到中介作用。审美场所是审美教育活动最关注的，在教学活动中，主要是师生的交流，学生之间的这个交流环节并没有完成，然而，这一环节却在校园活动中从真正意义上实现了。"学生主体"间的交流，可以使他们更容易通过一种游戏的心态而投入活动中，进而自身参与的有效性便达成了。

3. 活动"场"的开放性

通常，教的环境在教学活动中，会使人产生一种紧张而又严肃的心理，然而，文化活动却并非如此。其一，活动的时间具有选择性，即生活、学习以及放假时间均可，没有任何限制；其二，活动的空间具有开放性。它可以在社区、舞台、课堂、大自然等地方开展。在这种开放自由的空间中开展活动，学生学习的紧张情绪能够有效得到缓解并消除，这可以给他们的审美心理带来必要的条件，同时他们也能在活动中收获到快乐。

第二节　自然事象中的审美教育

一、自然美的形成与特征

（一）自然美的形成

自然美来自自然界万事万物，但是，人们是在人类社会出现之后才开始欣赏自然的美。日月星辉、江河湖泊和花鸟鱼虫各有不同的特色，但是，因为人们缺乏发现美的眼睛，记录美的双手，以及描绘美的语言，所以美的存在价值被忽略。然而，人类刚开始发展的时候和自然界是相互对立的，对原始人来说，他们一直都是在利用自然，以创造对他们生存有帮助的居所和实物，不会去欣赏和赞美自然。伴随人类社会实践的进步与生产力的发展，人们才慢慢发现了自然美，之后美得到开发和推崇。自然美的产生除了自然界的自身属性之外，需要具备下列条件。

第一，人类生产实践的改造，给自然万物烙上了人的本质力量的烙印，进而有了审美价值。人们在远古时代，是处在"靠山吃山，靠水吃水"的被动生存状态中。泛滥的江河并非人们所欣赏的美景，而是随时都会夺走性命的山洪猛兽；崇山峻岭不是人们赞叹的逶迤，而是阻挡人类前进获取更多资源的拦路虎。从某种意义上来说，生产力的低下导致人与自然界处于相互对立的地位，人们畏惧自然的威力，也就不可能产生欣赏自然美的情感。但随着人类生产力的发展，人类逐渐学会了利用自然、改造自然，自然之美因此也就被逐渐发掘。如经过治理的三峡大坝，在蓄水发电上给人类社会创造了价值，而且它所带来的大坝风光和山河景色也吸引了不少观赏者流连在此；打通的隧道给人们出行和运输货物都带来了便利，同时，人们畏惧自然的心理也逐渐有所改变，一边翻越崇山一边感受其巍峨，欣赏其壮美，领略自然的神奇与美丽。在人类创造的过程中渗透着人们的智慧和科学技术，体现了人们最本质的力量，我们才会感受到自然美。这种力量被马克思称为"人化自然力"，指通过生产实践活动与自然产生关系，进而改变自然，同时，历史发展的印记也被保留了下来。人们在改变中得以展现自我，获得审美的愉悦，这才是自然美所具有的深刻意义和存在价值。

第二，人们在对自然规律有了一定的认识后，自然物和人们的关系日趋紧密，成了人们审美对象中的一员。现实生活中，并非所有的万物都需要经过实践的改造才会有美感，也并非都需要狭隘地和社会功利相连才有所价值，在欣赏自然界的时候，通常我们没有目的性，这是因为自然界从人们活动发展至今已成为我们生活中的一员，人与自然和谐相处也将是陶情畅神的一件美事。

在远古社会，人虽然处于自然界中，但是，因为认识水平较低，所以没有利用好自然，也没与其产生密切的关系。然而，生产力的发展，逐渐开发出了人的各种能力，人的视野也因此得以拓宽，自然物也随之进入人们生活的范围中，成为生活中的一分子。

现如今，我们可以欣赏到诸多美景，这源自我们和自然界日趋密切的关系，在鉴赏自然美的时候，我们通常有着美好的情愫，所以，所看到的景象

基本上兼具自然之天成与情感之融合。朦胧的月色是气象的变化，但是，人们面对朦胧的月色会抒发内心的思乡之情；绚丽的花朵是自然的使者，然而，赋予不同颜色的花朵不同的花语，便体现出人与自然情感的融合；高山流水则是天然之作，但是，借此抒发情义、寄托情思也是人化自然后所抒发的情感……"移情"经常出现在文学作品中，是一种表达手法，人们在看待自然的时候，通常不自然地"移情"，如同车尔尼雪夫斯基说到的"人一般都是用所有者的眼光去看自然，他觉得大地上美的东西，总是与人生的幸福和欢乐相连的"①。人们面对不同的自然景观会有不同的情感体验，人们因奇峰怪石退想联翩，因江边垂柳依依不舍，因广袤的草原心胸开阔，因潺潺溪水情愫绵绵……当自然物进入人们的生活中，人们也总将它们的发展与自己特定的生活相联系，因此让我们有了无限的审美可能。

第三，自然物象征着人类的精神生活，尽显审美意义。如同上文所提及的——"移情"，是因为自然物的一些特征与人的情感出现了"异质同构"进而形成的，这常见于我国的古诗词中。例如，李白在秋日的夜晚，在屋内看到明月勾起了思乡的情怀，于是，他用清新质朴的语言创作了广为传颂的古诗——《静夜思》，诗曰"举头望明月，低头思故乡"，每每吟诵至此都会勾起人们的种种情思。

存在于自然界中的多种生物所具备的特殊生存本领也成了文人笔下喻人的美好意象。例如，梅、兰、竹、菊因为高洁淡雅的品性成了古人酷爱的"四君子"，人们经常用此来比喻高风亮节的人格精神。梅花不畏严寒，在严冬盛开，给人一种正直不屈的形象；兰花散落于草丛中，花开虽不艳丽却洁白无瑕，隐匿于幽暗之处，给人一种谦谦君子可容小人的形象；竹枝高挺有节，并肩丛生无杂木，郑板桥（著名画家）就喜画竹，曾经为其题诗来赞美竹虽处逆境而不屈不挠，对抗恶劣环境的精神，诗曰："咬定青山不放松，立根原在破岩中，千磨万击还坚劲，任尔东南西北风"，给人一种有傲骨的铮铮君子的形象；菊有明显的意象美，盛开在秋天，通常由于季节变化而变化，在百姓眼中寄托着淡淡哀思，这便是菊所显露的品质，菊比不上牡丹的雍容华贵，君子兰的傲视清高，但是，却能在秋天气温转寒的时节绽放，无其他要求，只默默地、静静地作为人们缅怀故人的良友。

通过上述表述我们可以看出，自然美和人类生活、生产劳动密切相关，是人类历史发展的产物，同时也是上文所叙述的"人化自然"的过程的体

---

① 巫慕莹. 艺术真实和美的关系 [J]. 现代语文（学术综合），2013（1）：48-49.

现。人们由于在长时间的生产和实践中具备了审美的本质力量，并且也在逐渐得到强化，完善了对自然美的发现和赏析，所以，自然就具有了审美的内容以及被审美的可能性。同时，自然美的形成也需要具备两大要素，即自然物自身的某些自然属性以及人的本质力量能够对象化到自然物上的社会实践活动。

（二）自然美的特征

自然美的构成包含其自身的自然属性以及与人类社会实践密切联系的社会属性，其特征主要表现在以下几点。

1. 独特性、多样性

自然美可以说随处可见，因为它是分布最广的一种现实美。从毫无生命特征的无机物到有生命的动植物，小到生物体的细胞微粒，大到宇宙的巨型天体，它们将形态不同且变幻莫测的美呈现了出来。这种美没有掺杂任何杂质，是纯天然的，同时还是其他美所无法比拟的。黑格尔对自然美的评价非常高，凭借单一的模仿，艺术是无法与自然竞争的，因为它们存在太大的差距。

自然之美美在自然，既是人工无法模仿的，也是人工所叹为观止的，自然美以其纯天然不加修饰的本色吸引着人们的眼球。拿山川之美来说，我国大小各异的名山不计其数，最负盛名的当属五岳。东岳泰山为五岳之首，也是古代封建帝王膜拜祭祀的首选之地，泰山雄伟壮阔，使人领略到自然造物的神奇；西岳华山则是以奇、险著名于世，去过华山的游客无一不为其险峻的山势所倾慕，游人从夜半开始登山，趁日出前登顶观赏，自然之神韵一览无余；南岳衡山古木参天，终年常青，与奇花异草相伴，是人们留恋的天然氧吧；北岳恒山山势陡峭，沟谷深邃，但幽僻静雅的地理特征也造就了其神秘之感，引人入胜；中岳嵩山除其山体之美之峻外，还具有一定的政治、文化、宗教意义，它与少林寺紧密相连，成为人们审美的又一目标。

2. 多变性、多义性

自然美的多变性受许多自然条件及人为因素的制约，具有多重审美特性，这些造成自然美多变性特征的因素主要有如下几个：第一，自然界多种事物相互映衬、相互融合呈现出美。山得水而活，得草木而华，得烟云而秀媚，若是一座孤山，美就会大打折扣，但是，因为有了云、烟、山、

水相互匹配与融合，让自然美因为其中的某个或者是某几个因素的变化而出现不一样的景象。第二，自然美也会因为气候和时节的变化受到影响，进而呈现出多变性的一面。任何人都没有办法去改变气候节气，寒来暑往、春华秋实、潮起潮落均为自然最真实且淳朴的表现，人们会发自内心的感叹着自然神力。明媚鲜艳最终还是会变为艾草枯黄，绿草葱葱的盛夏也会因为一场秋雨一场寒而凋零枯萎，这些对我们欣赏四季的美没有任何阻碍。第三，人化自然之美。自古以来，就有移花接木、填海造田、开山修路等改造自然的活动。现在，科技在不断进步，自然美和人工美有效融合的创新有很多，即便没有经过人工改造，一些自然景观也会由于社会政治、历史的改变而使得审美特征也随之改变，这便是自然美多变性特征的主导因素之一。

与此同时，自然美的多变性将其多义性体现了出来，多义性指在不同条件下，同一景物的表现都不一样，这就使得人们会对美景有不同的评价，在理解美上也是各抒己见，各不相同。例如，对月亮的感悟，通常人们看到月亮都会勾起思乡情怀，这与月亮冷光的特征有一定关系；但是，若换另一个角度来看，有一对情侣漫步在月光下互诉情思，这样一来，月亮在他们的眼中见证了彼此的真情，同时也象征爱情如同月光一般干净无暇、不容玷污。还有很多诗人都作诗赞誉梅花的不畏严寒、独自傲雪开放的特性。但是，现在很多人都觉得梅花更多的是象征性格的孤傲且不合群，虽然有过分解读之意，但也从侧面把自然美的多义性体现了出来。

3. 寓意性、象征性

如果说自然美的其他特性兼有自然的客观必然性和人类实践的能动性的话，那么自然美的寓意性就完全表现着与人类活动相关的内容。我们常常拿自然界中最美妙的事物、景物比喻人生、心境，寓自然之美以新的活力。比如，花朵，是自然界中最普遍的植物之一，其门类、品种数不胜数，但从外观上我们只能是对其颜色、形态、味道进行简单的辨识，在实际生活中，由于人类实践活动的介入，不同种类的花又被赋予了新的思想内涵。红色的花朵给人以热情似火的感觉，所以喜庆的场合我们往往以红花点缀；白色的花朵清新淡雅、纯洁无瑕，常常用来比喻高雅之士或淡泊名利的隐士；黄色的花朵灿烂夺目，是丰收成功的象征……自然的颜色加之人们富有感情的思想立刻就会呈现出鲜活的场景，也使人们在对自然的审美中，可以寄托情思、升华感情、净化心灵、抚慰灵魂。

二、自然美的主要形态

我们依据自然关系，对自然形态进行分类。第一类是没有经过改造和开发的，很少或者是未留下人类痕迹的自然景观，如大海、月光、星空以及雪山等，把自然的原生状态保留了下来，以其天然之色呈现在我们眼前。第二类是通过生产劳动实践进行加工和改造过的自然人文美，如海堤、果园、水库、沙漠防护林、园林花卉、农田等。这一类是人们实践的产物，人们在不同程度上把自然物的本貌改变了，留下了人的智慧和印记。第三类是以人们自身的肤色、动作、躯体、肌肉、姿态为审美对象的人体美。

（一）自然景观美

自然景观美作为天然、原始形态的自然物，客观存在在自然环境中，以其合乎形式美的特征，进而成了大家的观赏对象。一直处于变化中的大自然，把丰富多彩的风光美呈现了出来。一直以来，人们在山水之间流连忘返，对赞美自然风光的吟诵一直不绝于耳，如"孤帆远影碧空尽，唯见长江天际流"，还比如"峨眉山月半轮秋，影入平羌江自流"，针对山水风光的刻画与描述不胜枚举，那些没有经过雕饰、自然形成的景物风光，把人的遐想和美感都唤了出来。

自然风光之美的表现形态多种多样：从空间上来看，山川、泉石、湖海、天地、林壑，都展现出了各自不同的美；从时间上来看，江南的烟雨、落日的余晖、塞北的隆冬、初升的朝阳会把人们不同的审美感受引发出来。从这些不同的表现形态来看，我们可以把自然风光美分为两大类，第一类是以冲淡、清奇、幽秀、典雅作为审美特征的秀美，第二类是以遒劲、险峻、壮阔、雄浑作为审美特征的壮美。辽阔的自然景象，带给人们博大崇高和景仰不已的感受，如星空、海洋、大漠、峻岭等自然风光，以其和人们相对立的感性形式，让人有一种高昂的美感愉快。如果我们摆脱了日常烦琐之事，远离拥挤的生存空间，面对阔大雄伟的自然景象，不管是比利牛斯裸岩，还是撒哈拉沙漠、夏威夷的火山熔岩、科罗拉多大峡谷等，都会有一种豪迈之感涌现心头，这是一种崇高感和自信力。

相较而言，小溪、月光、柳絮、竹林、流水给人一种静谧安详之感，这样的自然风光，可归于秀美一类。与壮美的杂乱、不和谐、巨大相对，在形式上，秀美的自然风光把小巧、平衡、和谐、流畅、对称等特征体现了出来。唐代诗人王维所作组诗《皇甫岳云溪杂题五首》的第一首古诗《鸟鸣涧》

中这样描写沉静而悠远的美感："人闲桂花落，夜静春山空，月出惊山鸟，时鸣春涧中。"

不管是秀美还是壮美的自然风光，都用其独特的素朴形式，浸润并感染着人们的精神世界。人们脱离了世俗功利的纠缠，在与大自然的神交中精神有所提升，心境更加平和。所以，爱惜并保护自然，是我们的历史使命。

（二）自然人文美

人类历史的发展，其实就是一个不断地征服自然、改造自然的过程。人们可以在自然中发现并欣赏美，与此同时，还能根据自然美的特性，借助于生产实践活动，对大自然进行符合规律和目的的改造，把人们的意志和时代的烙印留在自然美中，进而使自然和人文景观融为一体。我们把这样的自然美称为人文自然美。

通常，人文自然美分为经人们生产劳动加工改造的自然美和经过艺术劳动加工改造的自然美两大类。第一类指自然物和景观是根据自然发展变化规律，然后通过生产劳动加工或者新创造的自然美，人在其中"直观自身"，获得审美愉悦，如人工饲养的禽兽、人造防护林带、田野以及水库等；第二类指的是人们为了满足精神需求和审美享受，对自然物与景观进行艺术化的加工、改造，使之更典型且集中呈现出来的自然美，如匠心独具的园林、有不同姿态的盆景、修整完善的山水等。这样的自然美已融入艺术美和人文美，但是，自然事物和景观依旧作为主体而存在。因此，是一种艺术化的自然美。

还有一些自然景观因为建筑装饰、重大的历史事件以及树碑刻石等因素成为人文自然景观。钱塘江口的涌潮，受两边陡然狭窄的江岸约束，形成了高及数丈的白色城垣，直向江岸扑压。据宋代周密的《武林旧事》记载："浙江之潮，天下之伟观也。自朔望以至十八日为最盛。方其远出海门，仅如银线；既而渐近，则玉城雪岭，际天而来，大声如雷霆，震撼激射，吞天沃日，势极雄豪。"然而，面对磅礴的气势，大家虽然都有些"心寒"，但是，更多的是获得了雄伟和壮美的审美感受。

（三）人体自然美

人是自然界的产物，同时还是社会生活的主体，体现了自然属性和社会属性的高度统一。作为审美对象，人的言行、品德、思想、心灵上的美都归属于社会美的范围，然而，对动作、体型、肌肉、肤色以及姿态上的美则归属于自然美的范围。人体因其具有直接可感性，而具有独立的令人赏心悦目、心旷神怡的审美价值。

经过长时间的发展，人们进化到现在的人体形态。社会生产实践的进步、身体的机能和结构等方面发生的一系列变化，正在逐渐适应外部的环境，经过遗传—再生—新陈代谢，人的身体在有机构形方面越来越协调有序，几何美和非几何美也逐渐融为一体，趋于复杂的有序化，非常和谐匀称。例如，若用头部作为标准单位长，人体结构的诸多部分都有了整数的数值关系。人体美是最高形态的自然美，宇宙中人所能审视的最美的对象就在于人类自身。

长久以来，人们总想要给人体美界定一个统一标准。但是，实际上这种做法很难实现。这是因为人体会受到很多因素的影响，如时代变迁、民族习惯、地理位置、遗传因素、社会环境等，对人体美的衡量标准也有所差别。例如，在我国唐代，衡量女子的美看的是形体的胖瘦，在当时的朝代，肥胖者为美，然而现在，则以身材纤细苗条为美。即便对人体美的欣赏标准不同，但是，通常男性还是以雄健有力为美，女性以曲线柔和为美。世人都认可的人体美的典范是，有光泽的肤色、健康而有弹性的肌肉、和谐匀称的骨骼框架、优美而富于变化的动作姿态等。健全的精神寓于健全的身体中。然而，人体之美，除了遗传的因素外，更关键的是后天的锻炼和培养。人的各种技能可以通过体育锻炼得到进一步增强，从而使人更加健壮，可以营造出匀称、协调、比例适中以及曲线优美的体态。

三、自然审美的美育途径

（一）把握时机，善于捕捉和发现自然美

自然美一方面是永久存在的，另一方面是变化莫测的。我们虽很容易就能欣赏到自然界瑰丽的风光美，但是，只能在特定的时间和时节欣赏特定的风景。所以，在欣赏自然美上，我们要注重气候和节令的变化。例如，海市蜃楼、雨后彩虹、钱塘江潮汐等很多的自然风光只能在短时间内观赏，虽然都属于自然景观，但是，它们都是在特殊的时间出现的，所以我们要把控好机会。还有就是观赏一些植物，我们需要对相关学科知识有一定的了解之后才能清楚观赏的最佳时间，文雅之人都非常喜欢的梅花，有着高尚的品格，洁白无瑕的质地，但是，它却只在寒冷的冬天开放，如果我们无法抵御严寒，那么梅花的美丽景色便欣赏不到了。在对大学生开展审美教育指导的时候，教师可以以梅花作为案例，把梅花生长和开放的植物学知识普及给他

们，之后待开放时节便带他们去欣赏，去领略风雪中独自开放的美景，让他们对梅花有新的认识，使他们可以从内心去欣赏、喜爱甚至尊敬自然的美，这样的教学没有任何强制因素和说教成分，可以深层次地触动学生。此外，在欣赏自然美的时候，选择合适的空间角度也是非常重要的。在观赏自然美景的时候，我们通常都会把个人情感掺杂其中，因此，每个人所选择的观察角度不同，所形成的景观印象也会有所区别，不同的角度自然呈现出不一样的自然美。例如，庐山的美体现在每个层面，正如苏轼在《题西林壁》中写到的诗句一般——"横看成岭侧成峰，远近高低各不同"；云南石林天然形成的石料堆砌在一起，故而有了如今美丽动人的石像。自然界有诸多鬼斧神工创造了审美的人间极品，在指导大学生审美的时候，我们也要引导他们从不同的层面去欣赏美景，从而，他们从多种角度观赏美景的思维意识便形成了，然后尽情地发挥自己的想象力，去感受大自然的神奇魅力。

（二）将自然美的欣赏与人文美结合在一起

我国属于四大文明古国之一，有着五千多年的传统文化，并基于此塑造出了大国形象，也为后世子孙留下了宝贵的文化珍品。所以，我们在欣赏自然美的时候，必须要将其所包含的历史价值融入其中，使大学生具备更多有意义的审美体验。例如，浏览泰山，除了看到泰山上险峻的地势、旖旎的风光、形态不同的庙宇外，我们需要对泰山承载的文化、历史以及政治背景有所了解，这样才能清楚为什么泰山会被称为"五岳独尊"。教师在指导大学生审美上也要从历史着手，然后引导他们学会欣赏自然风景，在游览的途中去领略祖国大好河山的壮美，为中华民族悠久的历史而感到自豪，这样一来，便会产生真实可感的审美情感。

如果将欣赏自然美和人文景观美相融合，除了将历史文化知识掌握之外，学生的文学素养和美学修养也要培养出来，这是因为自然美需要我们有一双发现美的眼睛，然而，对自然美的最合适的解说词便是从古到今所留下的诸多诗词歌赋。江南的风光到底美不美，我们可以从白居易《忆江南》中去感受，诗曰："日出江花红胜火，春来江水绿如蓝。能不忆江南"；然后，我们也可以从贺知章《咏柳》中去体会春天童话世界般的美景，诗曰："碧玉妆成一树高，万条垂下绿丝绦。不知细叶谁裁出，二月春风似剪刀"；我们还可以从杨万里的《小池》中去体会夏天的美妙景象，诗曰："泉眼无声惜细流，绿荫照水爱晴柔。小荷才露尖尖角，早有蜻蜓立上头"。上述的这些诗句我们可以用作大学生审美教育的素材，诗中所描写的自然美景引人入胜，可以调动学生的通觉，从而使他们获得审美享受。

（三）充分发挥审美想象力，融情于景

在一定程度上，自然美主要体现在外部形式上。我们通过感官和想象力可以感受自然美的形式美，这是因为这些形象美和我们的生活经验有一定的关联。只有通过感觉器官，在我们的头脑中先把对自然景观的最初印象形成，然后再通过大脑对其进行深层次的加工，应用发散思维去体验自然美之特征，以达到情感的升华。

人的自然本能中包含想象，然而，每个人的成长环境都不一样，所接受的教育也不相同，所以，教师在进行大学生自然审美指导的时候，最具空间的环节就是把他们的想象力开发并启迪出来。对自然美的想象非常的丰富，在指导学生的时候，教师可以从以下三个方面着手。

第一，由物及人，通过自然的景物可以联想到人的情感世界，把自己的内心情感融入景物之中，使景物和自己融为一体，自然与人也达成了和谐的最佳状态。这样的场景在《红楼梦》中有很多，很多读者也被林黛玉的《葬花吟》所感染，落花无情唯有掩之于净土中才能求得一世清静，花开花落原本是再平常不过的自然景象，但是，若是在欣赏的时候把自己的感情体验融入其中，就拿"花谢花开"来说，有人为它的凋谢而流泪叹息，也有人转变思维，吟诵联想到诗句——"落红不是无情物，化作春泥更护花"。所以，在开展大学生自然审美教育的时候，教师要引导学生与自己的现实生活相联系，并合理展开丰富的想象力，这样一来，可以拓宽学生的视野，使他们能欣赏到更多更动人的美景，同时还可以陶冶情操、升华情感。

第二，幻觉性联想，指的是人们看到自然景观之后有所感触而出现的独特心理，如回忆之前的过往、对将来的遐想、进入梦境般的冥想。大学生是活力四射的一个群体，他们对现实有很深的认识，同时也憧憬梦想。在进行审美指导的时候，我们可以充分利用这一特征，进而引导他们观景、抒情、联想、升华情感。在诗人身上，这样的联想特别明显。在创作上，他们一般都需要有超出平常生活的幻觉性联想，他们这种追寻梦想的精神状态值得大学生学习。学生在自然审美中获得理性解放，进而能够创造更美好的生活。

第三，形态联想，这样的联想方式最简单，最有效。一般以自然景观外在形态为蓝本，把人脑的机能充分体现出来，从简单的形态联系到平时生活当中的人与事，进而获得感官上的审美满足。与其相似的自然景观有很多，如非常出名的黄山"迎客松"，事实上，诸多山脉上都有，因为受到自然环

境和地势地貌的影响，树的枝倾向于向阳的一面，长此以往，外观形似弯腰伸臂迎客的样子便形成了，于是，人们通过想象，给它取了个拟人化的名字——"迎客松"。大学生极具想象力，教师在展开审美指导的时候，要把自由想象的空间给到他们，不局限形式或者理论，这样一来，他们一方面可以积极审美，另一方面也锻炼了想象力，还可以为学习其他学科知识培养了逻辑思考能力。

自然美到处都可以看到，但是，我们需要具备发现美的眼睛，追求美的心灵，进而领略其中的奥秘。大学生作为美的使者，在欣赏美的同时，也要创造美。在欣赏和创造中，大学生可以把自己的审美能力提升上去，进而把更高的审美素养培养出来，陶冶了情操，成为新世纪具有审美素养的新青年。

第三节　社会生活中的审美教育

一、社会生活美简述

所有的审美活动都与社会生活和生产实践息息相关。社会是人存在的必要环境与审美对象。在生产实践中，人们把自然和自身都改造了，在改造中认识、欣赏并且创造美，从最基本的物质生产到最高层的精神生产，美的外形和内在都显示了出来。

（一）社会生活美的本质

社会关系就是形成社会的一张网，可以把社会生活的风格方面都涵盖在内，将社会存在的物质生产以及意识形态的风俗习惯、理想道德、法律、宗教、艺术、哲学、政治等都反映了出来，同时还包含反映社会。人们就如同网上的一个结点。人们在其中生活，肯定就需要和多个领域进行联系，因此，相对完整的社会意识形态也就形成了，所有的个体都依据自己所处群体的生存准则去参加社会生活，并感受美。所以，人的社会实践可以创造美，同时实践自身也是人们审美所注重的对象。因此，社会生活审美看起来便更加广泛，内容更丰富，关系也相对复杂。

社会美的繁杂是对自然美来说的，是现实生活美中最重要且核心的部分。在一定程度上，社会美超越了自然美，然而，这种超越源自社会实践，是社会实践的直接体现。人们从事社会改造的时候，都会尽最大努力发挥自身的本质力量，这样一来，人们智力的发展体现了出来，同时人们的外在形态的不断完美化也体现了出来，人们所创造的所有存在物不单方面体现美，同时自身也会感到非常愉悦。历史上的一些伟大发明，都是人们智慧的结晶，与此同时，诸多外在美的塑造也被囊括在内，如可以飞向太空的宇宙飞船，体现了人们的智慧，设计上，把技术和形态美都考虑了进去。在古代，嫦娥奔月的传说我们都耳熟能详，这个传说给飞船的设计带来了思想上的启迪，人们基于此把现代的科技化版"嫦娥奔月"塑造了出来。这种发明是人们研究应用的重要工具，同时也是人们审美活动在科技范畴内的重要体现。

除了以上提到的社会实践、关系以及发展中体现出了美之外，在阶级社会中，阶级斗争也把美的因素体现了出来。从表面上来看，阶级斗争充满了冲突和矛盾，看上去并非人们所追求的美的体验，但是，就美学意义上而言，一次阶级斗争肯定会出现两方，即正义和非正义，正义的一方代表着"美"，非正义的则代表"丑"，这样便可以看出，阶级斗争其实就是美和丑的一种较量。人们在斗争中可以感受到美的力量，同时还能用这种力量给"丑"的一方带来一定的影响，使其净化心灵、弃恶从善，这样善的统一便可以达成了，同时对社会进步也起到了一定的促进作用。

整体来说，人们生活的方方面面都体现着社会生活之美，其本质就是人的本质力量作用在社会生活的所有范畴中，进而出现的美及美的感性体验。社会生活美的范围非常大，在我们所能感受到的领域都有。只要是与人类社会进步相符的，可以让人身心感到愉悦的多种社会现象以及人的自由发展，都体现了社会生活的美。

（二）社会生活美的形态

社会生活美所拥有的广阔的范围决定了它具有丰富的表现形式，与社会成员的审美需求关系紧密。主要有以下几种形式。

1. 生产劳动之美

人们都对美的社会生活有所追求，第一，需要从生产劳动着手，以获得最基本的物质保障，并通过生产劳动获得社会财富和生存必需品，这样，人们才有了发现和欣赏美的精神追求，从而在生产劳动中体现本质力量，让审美活动贯穿在劳动过程和成果中。就如同在《资本论》中马克思说到的，每

当劳动的方式、内容和结果吸引到劳动者时，劳动者便可以把劳动动作看作他自己体力与智力的活动去享受，劳动作为人本质力量的体现人们便可以感受到，在实践中，主体需要的审美愉悦感便能体现出来。

2. 民俗之美

社会是由很多的小群体汇聚到一起进而组成的大群体，虽然社会准则和行为标准相同，但是，它们却有自己的生活方式和行为习惯，所以就有了不同地域、种族以及群体时兴的风气和流行的风俗。有句俗语说到，"百里不同风，千里不同俗"，我们可以从不同的民族中感受到社会生活之美。

"民俗之美"的含义是，世世代代传到现在的一种民间习俗。我国是个有着众多民族的古老国家，中华文明史把众多民间美好的风俗习惯都总结了出来，成了民族融合的桥梁。例如，每年的春节，不管身在何方，只要到了一年一度的春节，人们都想要备足年货回家团聚，去贴门神春联、祭奠祖先、放鞭炮、守岁、发压岁钱等，会从正月初一一直忙到元宵节。这么多年以来，春节在人们心中的地位是无法撼动的，因为它代表了幸福团圆，象征着大家对新一年的美好憧憬和祝福，是人们心中最美的期待。

3. 社交礼仪之美

社会是一个非常复杂的群体环境，作为社会中的一分子，免不了和各种各样的人打交道，然而交往的礼仪、规范，以及尺度变成了协调社会关系的重要准则。社交礼仪之美是社会生活审美的重要内容，是一种文明的象征和标志。大到不同的国家、民族、地区，小到家庭，都需要遵循礼仪。因此，政府设有礼宾司，会根据既定礼节对不同的交往对象采用不一样的礼仪，我们各自的家庭也都有自己家族传下来的礼仪规则，需要家人共同遵守。礼节是我们在与人交往的过程中所表达的不同感情的行为方式，例如，表示尊重、问候、哀悼等；又如，握手礼、鼓掌礼、拜访礼、注目礼、鞠躬礼等。除了经常用到的一些礼节之外，其他国家都有补充，如欧洲的拥抱礼、澳大利亚的碰鼻礼等。在人际交往中，恰到好处的拿捏也体现出了礼节之美，礼仪做到位可以体现出个人修养之美，然而，个人的修养之美又可以让整个社会充满礼仪之美。

二、社会生活中审美教育的特点与功能

（一）社会生活中审美教育的特点

上文对社会生活美的论述基于整个社会范围的认知，大学生虽然不像中小学学生一样在较大程度上被局限于校园之中，但其社会生活也始终围绕校园，所以也有其自身特点。

1. 丰富多样性

大学生活主要包括学习生活和课余生活。课内学习活动具有统一性，课程设置、教材大纲、教学内容、授课形式、考核方式等都有明确规范的要求。相对于课内学习活动，课余生活无统一要求、无固定模式、范围广泛，内涵丰富。蕴含在课余生活中的日常生活美育多姿多彩，构成了校园文化美丽动人的风景篇。社会生活美育形式多样，可通过兴趣小组、社团活动、人际交往，以及闲暇生活和饮食起居的多渠道渗透、折射到大学生活的各个层面。在日常生活中，大学生表现出不同的兴趣爱好和个性特点，体现出审美主体丰富的内心世界。日常生活存在着大量的、鲜明生动的展示现实美和艺术美的可感形象，构成了日常生活美育丰富的审美对象。物质生活的美、环境美、精神生活的美、人际关系和谐的美，组成了日常生活丰富的审美内涵。

2. 自由灵活性

课余生活不同于课内学习活动，课内学习活动有稳定的规律性，学习制度、学习方式、学习目标等都有很强的针对性和目的性，并且有强制性的制度措施作保证。闲暇时间比较多，灵活性强，占大学生活近三分之二的课余时间均可以由个人支配，节假日、寒暑假，尤其是双休日制度实行后，明显拓宽了课余生活的自由空间，为日常生活美育提供了广阔的施展天地；形式多变、方法灵活，不易受场地和客观条件局限，依个人的兴趣爱好和不同条件自由选择，或爬山，或郊游，或跳舞，或唱歌，有自己独立的审美小天地；课余时间不受学习纪律约束，精神放松，身心自由，无拘无束，自觉自愿，可以发自内心地投入审美活动。时代变迁、改革开放的深入发展，要求大力倡导精神文明建设，如何使闲暇生活更加充实，提高品位和质量，如何使大学生的个性得到充分发展，得到更多更好的自由灵活的生存空间，这些都为我们研究大学社会生活美育提出了新的机遇和挑战。

3. 主动创造性

课余生活不同于课内文化科学知识学习，也不等同于学校专门组织的文艺团体活动和集体劳动。文化科学知识学习过程具有明显的认知性，我们强调教师的主导作用和学生的主体作用，但知识和能力都需要较长的时间和过程去积累，而创造性是潜在的、滞后的；学校文艺团社具有特殊的艺术技能要求，并非学生人人机会均等，但都有在艺术舞台表演创造的机会；集体劳动的计划和任务性强，并有检查督促措施做保证，个体的自由创造性不易充分发挥。社会生活美育则立足于日常的现实生活，个体性强，具有不同层次审美修养的活动者主体，均可根据自身特点和周围环境条件，从不同层次、不同角度，在对环境和自身的审美观照中直接进行审美体验，从而产生审美愉悦。如人的服饰美、言行美、寝室的美化和设计等，这些易于实践，易见成效，人人都可参与。与科学美育、艺术美育、劳动美育相比，日常生活美育途径宽、范围广、层次丰富，能极大地调动审美主体的主动创造性。

（二）社会生活中审美教育的功能

1. 有助于培养大学生热爱生活的审美态度，实现大学教育的目标功能

审美态度是主体在审美活动中对审美对象所持的欣赏、观照的态度。在审美活动中的地位是非常重要的，使审美主体和其对象建立一定的审美关系，这是进入审美状态的首要前提。在大学进行审美教育，主要是为了促进他们全面和谐的发展，也就是为了让个体形成具有健康的审美情趣和成熟的审美直觉感悟能力，进而可以走进逐渐丰富的内心世界，让他们在人生这样的问题上可以成熟地去对待，以此事美化人生，并立志为社会主义现代化事业拼搏奋争。

脱离高考的压力而步入高校的大学生，正值青春，充满着热情，具有丰富的想象力，他们往往对大学的生活太过理想化，期待也太过浪漫。原本期待自己能够洒脱快活地度过，殊不知，真实的大学生活，并非世外桃源。学校都需要严格管理，这样，学生会感到处处受到了限制，没有自由；严格的考试竞争机制的引入，使他们在心理上承受了很大压力；远离父母，独自一人步入新的生活环境，面对的是各种复杂的人际交往，学生一时之间会感到迷茫，容易自我封闭起来。很多心里的矛盾相互交织，若是不能及时疏导，心理和行为上会出现很多的不适应，从而使得学生陷入情感沉沦以及理想衰落的困境中。于是学生就出现了学习上没有任何动力，生活上非常散漫，没

有生活热情和激情的现象。审美理想是审美主体通过感性形式对至善至美境界的一种观念和追求。可以把人们创造美的热情激发出来，能够给人们一定的鼓励，让大家去热爱美，进而创造更美好的生活。美好的生活立足于我们的现实生活中，是一幅蓝图。难以想象，对于没有理想，没有朝气，不关心自己周围的世界人来说，心灵上会迸射出激情的火花吗？会有坚定的信念追求和勇于战胜困难的决心和勇气吗？如果教师在大学生刚刚步入学校的那一刻起便加强对学生日常生活的审美教育，帮助他们发掘生活中的美育因素，这样会对他们热爱生活的审美态度的培养，适应角色变化上都起到一定的帮助作用。

生活中并非缺乏美，而是缺乏发现美的眼睛。对平时晚自习生活进行观察，从宿舍和教室透出的灯光，如同天上的星座；宁静的校园，微风吹过，伴随广播操的韵律和节奏，做着标准的体操动作，从而会感受到人体美的内涵，健、力、美的结合；当你参加过千人黄河大合唱之后，你会感受到那种热血沸腾，发自内心的颤动，时代的召唤，情与理的交融；师生之间的真情实感，同学之间的真挚友谊，都在平凡中透着伟大，朴实中折射着优美。这些审美联想和体验，可以让人有种激情的冲动，并产生对理想的追求和生命的向往，从而释放了内心的压力，出现了之前没有过的审美愉悦。这样的审美体验会进一步加强视听知觉功能，同时也会促使我们自觉感受身边的人和事，发现生活中的美。这样多次激发的审美情感会触发生命的本源，从而陶冶情感，升华精神，这对树立正确的人生观和世界观，对学生的健康成长，以及实现大学教书育人的目标功能都起到一定的帮助作用。

2. 有助于培养大学生健全的审美心理结构，实现大学主体教育功能

情感教育是美育的核心，它与理性教育不同。情感教育是一种内在的感化，而理性教育是一种外在的灌输。对此，梁启超先生曾做过精辟的论述："情感教育的根本目的，不外将情感的善的美的方面尽量发挥，把罪恶的丑的渐渐压服下去，这种功夫做得一分，便是人类的一分进步。"[①] 在平时的生活中，社会美、艺术美或者自然美的多种形态，利用自身鲜明的形象，诉诸人的感官，并对人的思想产生深刻影响。美育的特点其实就是让人们学会分辨美与丑，同时从情感上也能对美产生热爱之感。孔子说："知之者不如好知者，好知者不如乐知者。"美育的核心即情感，情感受到理性的调节，同时

① 何春根. 大学语文教学应着重情感教育 [J]. 新闻爱好者, 2010（4）: 145-146.

也能够转为意志，让知、意、情诸种心理因素进而获得和谐统一，能够让大学生从智力人转为意志人，进而达到更高的精神境界，最后成为审美的人。

社会上的伦理规范以及学校中的制度都有着一定的强迫性，也有很多约束。若是单纯停留在规章制度的管理上，只是一味说教，没有顾及学生心理和生理特点的变化规律，必然会让学生出现消极的防范和抵触心理，之后只能被动地接受管理和教育。学校处罚违规的人和事，这是必须要做的，但却是治标不治本的。如果要解决这个问题，必须把他们的审美素养提升上来，将说理教育和自我审美需求有效融合，将治标和治本融合，从做人的根本上解决问题。美育其实是一种以高尚的情感陶冶净化心灵，完美人格，从而使人进入一种超脱狭隘个人功利主义的自由境界。孔子曰："充实之谓美。"高尚完美的道德品质能够对审美境界的提升起到一定的帮助作用，反之，审美修养高则对道德水准的提升也有很大帮助。社会生活美育，对陶冶情感、以美导善意义重大。比如，一个人的言谈举止、气质风度和文明修养，校园中的基础文明建设、和谐人际关系的建立等，都是通过和大学生紧密相连的人和事、人和人以及人和境，以自由自在的轻松愉悦的方式进行的，这样，在学生的心灵深处很容易受到震荡，易于产生共鸣。之后，情感过滤，判断价值取向，强化审美意识，这些都成了自觉的行动。辨别美与丑，才能更好地追求美，进而丢掉丑，针对美的行为喜欢做，原意做，求善求美，把道德水准提升上去，才能进一步实现真善美的人格统一。教育管理行为也不再只是学校行为，是受教育者主动参与并开展的自我教育，这对教育管理从他律型转为自律型有很大的帮助，同时，对校园精神文明建设以及个体心理的不断成熟也会起到一定的帮助作用。

3. 有助于培养大学生健康的审美情趣，实现大学教育的社会化功能

在社会生活美育中，培养并训练健康的审美情趣是一项重要功能。一个人的审美情趣和他的文化教养、生活环境以及审美理想有很大关系。审美理想把主体最高的审美追求与需要体现了出来，主宰着主体的审美情趣。人们通过健康的审美情趣可以从生活中感悟美的真谛。审美主体的个性爱好以及对象的审美程度的不同使得审美趣味具有多样性。所有人都有不同的兴趣爱好，也正是基于此，才有了这纷繁的世界和丰富的人生。健康的审美情趣以及敏锐的审美感受能力，是青年人特别是大学生应该具备的最基础的素质。

健康丰富的审美情趣，会使人热爱生活，感到人生充满了欢乐，生活丰富多彩，从而视野开阔，胸怀豁达，积极进取，进而保持乐观情绪和蓬勃的

朝气。一个充满了审美情趣的人，不可能对生活有乏味或枯燥之感，与混天过日、精神空虚无缘。闲暇生活中培养审美情趣可以激发人们对课堂和书本知识以外的事物的求知欲和探索热情，课外阅读、观赏花木、琴棋书画、摄影技术等，兴趣越广泛，情趣越深厚，知识就越丰富，个体素质发展就越和谐。审美趣味可以健全学生的审美心理结构，可以更好地协调人际关系，促使人的个体化向社会化方向转化。人际关系包含着认知因素、情感因素和行为因素，既包含相互间的理解、评价、判断，又包含相互间的喜爱和融洽，还包含行为上的相互一致和协调。其中，情感因素是极其重要的成分。情感共鸣，心灵沟通，则人际关系和谐。要做到情感融洽并非易事，这与人的气质性格、爱好趣味密切相关。现代社会化的进程，市场经济体制的建立，人才竞争，信息交流，使得人际交往已成为大学生的迫切需要，人际交往艺术也就显得愈重要。社会生活中审美情趣的培养，有助于大学生更好地融入社会，成为现代社会的主人。

4.有助于创造型人才的培养，实现大学教育的开放式功能

面向现代化、面向世界、面向未来的教育目标，要求我国高等院校实施全面素质教育，培养创造型人才。

审美活动是人类欣赏和创造美的一种实践活动。就其审美心理来讲，在欣赏和创造美的实践活动中存在着感知、想象、情感、理解等繁杂的、特殊的心理活动，与这些特殊的审美心理活动密切相关的审美心理素质，则是人们进行创造活动的重要心理条件。科学研究和实践证明，当人的心情愉快、心理调节适当、环境氛围融洽之时，灵感想象容易触发。纵观古今中外的伟大科学发明和创造，大凡都是具有较高美学素养的科学家在紧张的脑力劳动之余，利用闲暇时间，由灵感和想象触发而生的。

审美创造活动的本质，是人们根据一定的审美理想，按照一定的审美理想和审美规律，在改造客观世界的同时，改造主观世界的能动自觉的实践活动，并从观照外在的客观对象中观照自身的本质力量。审美活动的实质就是创造，创造是审美活动的最高层次。实现真善美的统一，是实施日常生活美育的目标和归宿。正如马克思所说："在他所创造的世界中直观自身。"日常生活美育具有生动丰富性、自由灵活性、实践创造性等特点，这对培养大学生健全的审美心理结构，使其成为开放式、创造性的人才，无疑起着举足轻重的作用。

闲暇之余的文学作品赏析、文艺创作、音乐欣赏、健美比赛、书画摄

影、环境美化、观光旅游、社会服务、人际交往等活动，可以培养大学生培养敏锐的审美感知，丰富的审美联想，活跃的审美情感，领悟式的审美理解。审美实践和创造活动可以激发他们对崇高理想的追求，使他们成为一个素质全面的人，并能主动迎接未来教育的挑战；有助于大学的人才培养模式由传统智力型人才向创造型人才转化，并最终实现更高层次的开放式教育。

三、社会生活中实施审美教育的策略

（一）社会生活美的审美指导

社会生活美非常丰富，无所不有，当大学生面对这样繁杂的社会生活现象的时候，就会涉及如何进行社会生活审美的问题，要成为具有人格力量、美好风度举止以及审美眼光和意识的人，我们应该做到以下几点。

1. 要充分认识社会生活审美的价值

社会生活美可以美化人的心灵和生活以及人的环境和社会。人和人的生活可以通过自然美和艺术美直接进行美化，也可以间接发挥作用，具有很多局限性。然而，社会生活美则不一样，它随处都在，并且时刻体现出了它的审美功能。只要有人以及人的活动，则社会生活美的欣赏和创造问题便出现了。

对社会生活美无法取代的审美价值有所认识后，我们才会自觉发现并重视社会生活美，并且不断地去追求创造，也才会自觉且有效地进行对社会生活美的审美。所以，学校在对大学生进行审美教育时可以借助社会的力量，让学生充分体会到社会生活的审美价值，从而看到社会生活多姿多彩的一面。

2. 具备欣赏社会生活美的条件

欣赏社会生活美需要具备以下条件：可以欣赏社会生活美之人，也就是审美主体；具备可以提供欣赏的社会生活中的美的事物，即审美对象；它们两者之间是非常和谐的。

社会生活美的欣赏对审美主体的要求是，审美感官要健全，要具有欣赏美和理解美的心。普洛丁说："眼睛如果还没有变得像太阳，它就看不见太阳；心灵也是如此，本身如果不美也就看不见美。"面对相同的一件事，有人可以感受到美的意蕴，有人却不为之所动，主要原因是有没有具备美的心灵，能不能"以心发现心"。诚然，若要把自己美好的心灵塑造起来，就需要参加社会实践。同时，因为社会生活美和人的社会实践紧密相连，我们只有参与实践，步入社会，方能发现并欣赏社会生活美。与社会上的人隔离或者对外界的事物不闻不问者，则与社会生活美无缘。

对审美对象的要求是，能够激发出审美欣赏主体的审美情感的美的因素，如形态的诱惑性、形式的肯定性、形象的鲜明性、整体的和谐性等。诚然，更重要的是审美主体和对象之间所建立的辩证统一的和谐关系，若是这种关系没有建立起来，也不存在某种相适应性，那么社会美的欣赏就不会出现。

以上提到的三个条件中，审美对象是无法掌控的，也是客观存在的，但是，对学生这一审美主体来说，审美主体与其对象之间建立的关系，可以通过审美教育改变；对提高审美主体的审美素养上，学生的审美素养可以通过审美教育提高上去。社会生活审美一方面是对学生进行审美教育的渠道的开拓，另一方面是要让学生感受到层次较高的审美。教师要清楚学生迈进这一层次，才可以更好地体现出社会生活美的作用，从而最终把高校审美教育的整体效益提升上去。

（二）社会生活中实施审美教育的具体路径

1.利用社会生活小事件进行学生美育

社会生活中的美源自日常生活，通常是各种平常和烦琐的事情，因此，教师对学生进行社会生活审美教育的时候，需要从身边的事情着手，掌控好学生的心理，用生活中的小事去感动他们，进而达成美育的目的。我们之前的教育一般是大话式教育，只是单纯说教，学生有时候会反感，这样的心理对他们感知和体验社会美形成了一定的阻碍。其实，在社会生活中，美的内容是非常丰富的，包含友情、爱情和亲情，还有勇敢、善良、正义等，这些美在学生身边都有所体现，他们都非常熟悉，教师在对学生进行审美教育的时候，可从他们身边所遇到、或许会遇到的事情着手，这样可以让他们清楚美是时时存在于自己身边的。社会生活美可以让自己的心灵有所触动，如一句礼貌的话、一个微笑、一个手势、一个肯定的眼神等。

比如，微信上前几年引人注目的一幅画，有两位老人都是清洁工，当被问到他们的心愿时，我们会看到他们手中的牌子，上面写到："年轻人，少放点儿鞭炮！让我老伴儿早回家过年！谢谢体谅！"诸多大学生看到之后都不

自觉地进行了转发，目的是想让更多的同学看到，并且可以做到牌子上所写的那样。这样做，一方面很好地保护了环境，另一方面也体现出了人们对清洁工人的尊重。诸多思想政治教师把这张图保存下来，并拿到课堂上，将其作为教学案例讲述给学生。这种案例源自我们最普通的生活，但是却让人非常感动。想要建立和谐的人际关系，就需要做到人与人之间的理解和尊重，这样才能创造出对学生发展有帮助的社会环境，这便是对心灵美最好的社会生活审美教育。

2. 将社会生活美与艺术美结合起来

在我们的日常生活中，社会生活美随处可见，我们只需要具备一双可以发现美的眼睛，若是能够把社会生活美和艺术美做到有效融合，这样能对学生的美育工作起到一定的帮助作用。作为美育课教师，我们要把形象的东西给到学生，将社会生活美形象化、具体化，并将其体现在学生面前，这能对他们体悟社会生活美起到一定的指导作用。

在学校，我们可以开办摄影展览，让学生拿起手机或者相机，把自己生活中一些感人的事拍摄下来，并采用艺术美的形式社会生活的美，这样学生接受起来会更快。同时，我们还可以举办辩论赛，如一个学校的辩论赛的正方题目是：女生长相美要重于心灵美，反方题目是：女生心灵美要重于长相美。双方为了辩论赛都在积极搜索资料，找出了很多有关心灵美的案例，并将有关道德美的行为改编成小故事讲给学生听，如此一来，学生更容易接受。同时，我们还能带着学生走入生活，也就是带着他们步入社会生活一线。

此外，社会生活美通常都是由艺术来反映的，就像歌曲、散文、诗词、绘画等，2015 年春晚上的一首让很多离家在外上学的学生以及工作的人们都为之动容的歌曲——《回家的路》。歌曲中有一句歌词："回家吧，幸福。幸福，能抱一抱父母……"，这句歌词对在校学生而言，便是最好的感恩教育的素材。学生远离父母，到陌生的城市去上学，每当唱起这首歌就会想起和父母在一起的美好温馨的画面。像这首歌这样可以把友情、亲情以及社会美反映出来的作品都可以深深融入学生的心灵，让他们从内心感受到人世间的至纯至善之美，从而学会珍惜。

对大学生而言，个人亲身经历的生活毕竟有限，但是，依托于艺术，他人的生活经验也可以感受到。自己的生活阅历得到了丰富，便可以对美丑善恶进行一定的对比，从而做出正确的评价。

参考文献

[1] 丁峻，崔宁．审美教育心理新探 [M]．上海：上海三联书店，2015．

[2] 祁嘉华．审美教育学 [M]．西安：西北大学出版社，2000．

[3] 徐廷福，刘崇民，江净帆．教育学 [M]．上海：上海交通大学出版社，2014．

[4] 曾繁仁．中国美育思想通史 [M]．济南：山东人民出版社，2017．

[5] 曹意．浅谈高校实施大学生美育教学的途径和重要意义 [J]．北方音乐，2020（15）：179–180．

[6] 邓玉珊．高校音乐教育与美育教育互通互融改革实践案例 [J]．民族音乐，2020（5）：93–96．

[7] 阿尔肯·阿不都瓦依提．高校健美操教学如何融合美育 [J]．文教资料，2020（29）：230–231．

[8] 杜肇铭．高校开展美育工作的策略与路径 [J]．美术教育研究，2020（19）：132–133．

[9] 范鹏伟．高校美育课程教育的教学现状与改革实践 [J]．艺术评鉴，2020（20）：100–102．

[10] 高健，葛子豪．高校品牌校园文化美育功能的哲理与实践——以南京林业大学为例 [J]．汉字文化，2020（22）：169–171．

[11] 高阳，史玉莹，高佩琳．新时代下高校大学生美育教育现状与创新策略研究 [J]．科技风，2020（24）：23–24．

[12] 郭艺术．民办高校美育课程体系构建及其特色浅析 [J]．湖北开放职业学院学报，2020，33（24）：137–138，143．

[13] 胡竞文．略谈高校流行音乐的教学与美育策略 [J]．艺术教育，2020（11）：201–204．

[14] 霍楷，罗雯．高校美育教育在素质教育中存在的问题及创新对策研究 [J]．创新创业理论研究与实践，2020，3（20）：78–80．

[15] 霍楷，罗雯．中国高校美育素质教育问题及对策研究 [J]．戏剧之家，2020（34）：164–165．

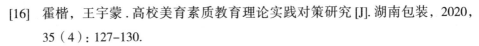

[16] 霍楷，王宇蒙．高校美育素质教育理论实践对策研究 [J]．湖南包装，2020，35（4）：127-130．

[17] 霍楷，赵胜男，邹琳琳．中国高校美育素质教育多样化改革研究 [J]．戏剧之家，2020（26）：190-191．

[18] 江洋，范秀英．反思与超越：高校社会主义核心价值观教育的美育向度 [J]．中学政治教学参考，2020（34）：67-70．

[19] 江洋．新时代高校社会主义核心价值观教育的美育路径探析 [J]．泰山学院学报，2020，42（6）：114-119．

[20] 姜琳．新时代高校体育美育发展路径的探索与研究 [J]．农家参谋，2020（20）：179+264．

[21] 雷雷，任晟姝．新时代背景下持续推进高校美育工作的思考——"新境况下中国高校美育工作的现状和对策高端研讨会"侧记 [J]．美育学刊，2020，11（5）：16-19．

[22] 李疏贝，张天骄．新时代高校美育的问题辨析与发展路径 [J]．高校辅导员学刊，2020，12（4）：30-35+40．

[23] 林明．以通识教育为核心的高校美育课程建设的对策研究 [J]．美术教育研究，2020（11）：140-141．

[24] 刘斌．基于在线开放课程建设高校通识美育混合式"金课"研究——以《室内软装设计》为例 [J]．湖北经济学院学报（人文社会科学版），2021，18（1）：154-156．

[25] 刘珊．新时代高校美育的目标指向与路径选择 [J]．湖南科技大学学报（社会科学版），2020，23（5）：159-165．

[26] 刘维佳．以美育促德育提高高校思政教育实效性刍论 [J]．成才之路，2020（28）：8-9．

[27] 刘亚斌．新时代高校传统美育的实践探析 [J]．黄河·黄土·黄种人，2020（21）：56-57．

[28] 刘云云．高校美育工作的时代境遇与路径探索 [J]．巢湖学院学报，2020，22（5）：140-145．

[29] 刘泽．新媒体时代下的大学生美育教育 [J]．课程教育研究，2020（36）：99-100．

[30] 马慧茹 . 民族类高校美育提升方式与途径探析 [J]. 传播力研究，2020，4（24）：116–117.

[31] 潘晨聪，薛婷彦 . 探索高校育体育美育人之路 [J]. 上海教育，2020（36）：56.

[32] 彭士宁，储召杰，刘成帅 . 马克思主义需要理论视角下加强高校美育工作的路径探析 [J]. 艺术教育，2020（11）：185–188.

[33] 秦姣 . 社会主义核心价值观涵养下高校美育工作的探索 [J]. 中国石油大学胜利学院学报，2020，34（3）：42–46.

[34] 任宁 . 高校美育教育在人才培养中的融合与提升 [J]. 艺术教育，2020（12）：207–210.

[35] 申佳 . 我国高校美育政策和措施分析 [J]. 大众文艺，2020（19）：201–202.

[36] 税海模 . 审美感悟与文化透视 [M]. 成都：巴蜀书社 .2003.

[37] 孙菱，蔡亚鸣 . 在欣赏中感受美——高校美育课程教学方式与路径研究 [J]. 美术大观，2020（8）：150–152.

[38] 谭飞 . 高校戏曲美育提升大学生文化素养的实证分析与路径探索 [J]. 苏州市职业大学学报，2020，31（4）：76–80.

[39] 田贺 . 基于 OBE 理念的高校美育课程教学模式改革研究 [J]. 教育教学论坛，2020（48）：181–182.

[40] 田芮 . 以美育人：新时代大学生美育实践路径探析 [J]. 中国文艺家，2020(12)：89–90.

[41] 田智祥 . 新媒体时代地方高校的美育体系建构——以菏泽学院为例 [J]. 菏泽学院学报，2020，42（4）：46–49.

[42] 王琦，杨小语 . 高校美育课程思政的路径探析 [J]. 重庆行政，2020，21（4）：83–85.

[43] 王泽群 . 高校美育教育现状与思考 [J]. 艺术大观，2020（36）：106–107.

[44] 吴慧凤，王舵 . 基于"以美育人"的高校美育工作模式探赜 [J]. 成才之路，2020（32）：36–38.+

[45] 吴沁园，吴庭芳 . 新时代高校美育的困境与实现路径研究 [J]. 科教文汇（中旬刊），2020（9）：80–81.

[46] 吴铁坚 . 融通中华优秀传统文化的高校美育实践探究 [J]. 中国成人教育，2020（18）：55–59.

参考文献

[47] 肖丹.山东吕剧表演对高校学生的美育作用研究 [J].赤峰学院学报（汉文哲学社会科学版），2020，41（11）：57-61.

[48] 许东仪.基于美育的高校艺术类通识课程探究 [J].艺术家，2020（9）：136-137.

[49] 颜佳玥.对构建中国特色现代高校美育评价体系的思考 [J].艺术评鉴，2020（19）：109-111.

[50] 杨丰仔."三台融合"下高校美育教学体系建设与创新研究 [J].现代交际，2020（18）：49-51.

[51] 于干千，文婷.新时代地方应用型高校通识美育改革目标与路径初探——以普洱学院为例 [J].普洱学院学报，2020（4）：102-106.

[52] 余兰亭.新时代民办高校非艺术类专业美育实践路径研究 [J].美术教育研究，2020（16）：110-112.

[53] 张月晰.以成果为导向的高校艺术设计美育课程改革路径探究 [J].艺术家，2020（10）：158-159.

[54] 赵路辉.高校美育课程"西方音乐鉴赏"教学改革探索 [J].中国民族博览，2020（22）：86-88.

[55] 赵源.新媒体时代高校思政教育中美育的渗透 [J].新闻研究导刊，2020，11（24）：216-217.

[56] 周星.当下美育观念辨析与高校美育难题再认识 [J].美育学刊，2020，11（5）：11-15.